dtv

Der 19jährige Pole Jerzy Bielecki trifft im Sommer 1940 mit dem ersten Gefangenentransport als politischer Häftling in Auschwitz ein. Er lernt die Tricks, sich im KZ durchzuschlagen, und kann schließlich eine relativ »angenehme« Arbeit im Getreidespeicher ergattern. Er verliebt sich in ein jüdisches Mädchen, Cyla Cybulska, die auch hier arbeitet. Mit Hilfe guter Freunde, einer gestohlenen Uniform und falscher Papiere gelingt dem Paar 1944 die Flucht. Cyla versteckt sich bei einer Bäuerin, Jerzy geht zu den Partisanen. Aufgrund falscher Angaben der Bäuerin glauben beide nach Kriegsende, der andere sei tot. Cyla heiratet und wandert in die USA aus, und auch Jerzy gründet eine Familie. Erst vierzig Jahre später führt der Zufall die beiden wieder zusammen. Engagiert und spannend erzählt Thilo Thielke diese wunderbare Geschichte um Liebe, Mut und Tragik.

Thilo Thielke, geboren 1968, ist Journalist und arbeitet für das Nachrichtenmagazin ›Der Spiegel‹.

Thilo Thielke

Eine Liebe in Auschwitz

Deutscher Taschenbuch Verlag

August 2002
Deutscher Taschenbuch Verlag GmbH & Co. KG, München
www.dtv.de

In Zusammenarbeit mit dem SPIEGEL-Verlag, Hamburg

Umschlagkonzept: Balk & Brumshagen
Umschlaggestaltung unter Verwendung
von Fotografien von Jerzy Bielecki
Satz: Utesch GmbH, Hamburg
Gesetzt aus der Sabon
Druck und Bindung: Druckerei C. H. Beck, Nördlingen
Gedruckt auf säurefreiem, chlorfrei gebleichtem Papier
Printed in Germany · ISBN 3-423-30853-2

Vorbemerkung

Dieses Buch hätte nicht entstehen können ohne die großzügige Hilfe seines Protagonisten Jerzy Bielecki, dessen Geschichte hier erzählt wird. In den letzten fünf Jahren hat er sich immer wieder die Zeit genommen, meine Fragen zu beantworten – auch wenn das für ihn nicht immer leicht war. Er hat mir Gelegenheit gegeben, ihn zu Treffen mit anderen Auschwitz-Überlebenden zu begleiten, und hat mir die Orte gezeigt, an denen ihm unvorstellbares Leid zugefügt worden war. Ich danke ihm auch dafür, daß ich bei der Recherche seine in Polen veröffentlichte Autobiographie zu Rate ziehen durfte.

Auch Tadeusz Srogi, ein Mithäftling, der Jerzys und Cylas Flucht aus dem Lager erst ermöglicht hat, gewährte mir ein ausführliches Interview und lieferte damit wertvolle Informationen.

Meine Kollegin Alexandra Vinocur reiste in die USA und sprach mit Cyla Zacharowitz, die heute in New York lebt. Die Erinnerung an die Zeit in Polen fällt Cyla außerordentlich schwer. Um so dankbarer bin ich, daß sie sich die Mühe gemacht hat, ihre Sicht der Dinge zu schildern.

Ergänzendes Material stammt aus dem Bundesarchiv-Militärarchiv in Freiburg und den Archiven des Museums Auschwitz, des Jüdischen Historischen Instituts in Warschau, der Gedenkstätte Jad Waschem und des *Spiegels*, dessen Bibliothekarin Bibiana Mennicken bei der Übersetzung etlicher polnischer Dokumente behilflich war. Um die Dokumentation kümmerte sich Iris Timpke-Hamel.

Wiktoria, das polnische Dienstmädchen, das von allen nur zärtlich Wikta gerufen wird, pflegt bereits seit geraumer Zeit einmal in der Woche in die kleine Goldwerkstatt in Brooklyn zu kommen, um der alten Dame behilflich zu sein. Die oft verschlossene Frau Zacharowitz lebt allein, seit ihr Mann vor acht Jahren gestorben ist. Weil der Jüdin, religiös, aber nicht orthodox, der Sabbat heilig ist, kommt Wikta immer freitags früh vorbei, ordnet die Auslage, wischt den Boden und macht ein paar Besorgungen.
Über ihre Vergangenheit hatte Cyla Zacharowitz nie gesprochen. Jedenfalls nicht bis zu diesem Tag im Sommer 1983. Wikta hat, wie fast immer, wenn sie sich treffen, für die beiden gerade Kaffee gekocht und deckt den Tisch, als Frau Zacharowitz recht unvermittelt zu erzählen beginnt.
»Weißt du, Wikta«, sagt sie, »ich war früher einmal sehr verliebt in einen Polen. Aber das ist schon lange her.«
Und dann erzählt sie ihre Lebensgeschichte, die vor vielen Jahren in dem polnischen Ort Łomża begann. Sie erzählt von der großen, damals modernen Mühle des Vaters, eines wohlhabenden Müllers und angesehenen Mannes im Schtetl, von der unbeschwerten Kindheit, den Geschwistern, den Schuljahren und den Plänen eines jungen Mädchens für die Zeit danach. Erinnert sich an immer mehr Details eines Lebens, das lange verschüttet war. Das sie verdrängt hat, das sich aber wie ein böser Traum zuletzt immer häufiger in ihre Gedanken bohrte, ihr keine Ruhe ließ.
Zu Wikta hat Cyla Zacharowitz Vertrauen. Sie kommt aus einer anderen, einer unbelasteten Generation. Und sie ist

Polin. Sie kann vielleicht verstehen. Mit ihr kann sie sprechen. Ihr kann sie sogar zeigen, was sie bis dahin stets bedeckt hielt.
Irgendwann im Verlauf dieses Vormittags streift sie den Ärmel ihres Pullovers hoch und blickt wortlos auf die Nummer, die sie auf dem linken Unterarm trägt. Es ist die Zahl 29558, die ihr eintätowiert wurde von den Mördern ihrer Angehörigen. Die Häftlingsnummer von Auschwitz. Ständige Erinnerung an das unvorstellbare Grauen: an die Züge, die Öfen, den Draht. Die Erinnerung an die Familie, die sie dort verloren hat: den Vater Mordechai, die Mutter Fela, die Geschwister Jakub, Nathan und Rebecca. Die Demütigungen und Schmerzen. Und es ist auch die Erinnerung an Jurek, den sie liebte, als sie vielleicht so alt war wie Wikta heute.
Sie habe ihn geliebt wie keinen vor ihm und auch niemanden danach, und sie verdanke ihm ihr Leben. Doch nun sei er schon lange tot, denn seit dem Herbst 1944 habe sie kein Lebenszeichen mehr von ihm erhalten. Er habe damals – das Nazireich brach an allen Fronten zusammen – bei den polnischen Partisanen gekämpft. Dann sei er aus ihrem Leben verschwunden. Doch habe sie ihn nie vergessen können.
Er hatte sie aus Liebe gerettet und sein eigenes Leben dabei riskiert: Jerzy Bielecki, ein Pole, Katholik – Häftling mit der Nummer 243, ein hochgewachsener, hübscher junger Mann mit pechschwarzem Haar. Er hatte ihr inmitten des Horrors einen Funken Glauben an menschliche Regungen, Liebe und Geborgenheit zurückgegeben. Und hatte sie aus Auschwitz befreit, auf dem wohl denkbar spektakulärsten Weg. Geradezu tollkühn hatte er sich im Lager eine SS-Uniform besorgt, Cyla dort abgeholt, wo sie zur Arbeit gezwungen wurde, und sie einfach mitgenommen. War mit ihr den langen Weg zum Schlagbaum marschiert, danach tage-

lang durch die Wälder Polens geirrt. Er hatte gemeinsam mit ihr seine Verwandten im »Generalgouvernement« erreicht und Cyla bei Bauern in der Umgebung sicher untergebracht. Dann war er zu den Partisanen gegangen. Wenn die Deutschen vertrieben waren, sollte geheiratet werden. Lange könne es nicht mehr dauern, hatte er beim Abschied gesagt. Doch er kam nicht zurück.

Die junge Polin folgt den Ausführungen der Frau aufmerksam, einige Details der unglaublichen Geschichte kommen ihr bekannt vor. Sie hatte einmal, erinnert sie sich, vor längerer Zeit zusammen mit einer Freundin einen Bericht im polnischen Fernsehen gesehen. Ein älterer Herr hatte da seine Flucht aus Auschwitz geschildert. Auch er hatte sich damals eine SS-Uniform organisiert, auch er hatte eine junge Jüdin gerettet und sich später den Partisanen angeschlossen. Und auch er hatte den geliebten Menschen später verloren. Das jüdische Mädchen, so sagte er, sei nach dem Krieg in einem schwedischen Krankenhaus gestorben.

Konnte es zwei Geschichten geben, die sich dermaßen ähnelten? Oder war es möglich, daß der jugendliche Retter den Krieg überlebt hatte?

»Ihr Name war Cybula, Cybulowa oder so ähnlich«, erinnert sich die Haushaltshilfe.

Urplötzlich kommt Bewegung in das oft so unergründliche Gesicht der Jüdin. Die alte Frau kann kaum noch ein Wort herausbringen. Fällt, wie sie später sagt, ob des gerade Vernommenen »fast in Ohnmacht«. Dann drückt sie Wikta, küßt ihre Wangen, weint vor Freude. »Das muß Jurek sein, er scheint noch zu leben«, bricht es aus ihr hervor. »Mein Mädchenname ist Cybulska, Cyla Cybulska.« Dann hat sie nur noch einen Gedanken: »Wie können wir herausfinden, ob er noch lebt? Und wo er lebt?«

Am 1. September 1939 donnern deutsche Sturzkampfbomber über das polnische Dorf Michałowice bei Krakau. Die Nacht war kalt und klar, der heranbrechende Tag verspricht sonnig zu werden.

Den Kriegsbeginn hatte Adolf Hitler auf vier Uhr fünfundvierzig terminiert – im Tagesbefehl an das deutsche Heer hieß es, »die Stunde der Bewährung« sei gekommen und man glaube »an den Führer«. Jetzt, gegen sechs Uhr morgens, beginnt auch für Jerzy Bielecki, den alle Jurek nennen, die neue Zeit.

Der Fluglärm hat ihn, seinen Bruder Leszek und den Freund Staszek in der Frühe aus dem Schlaf gerissen und ihre Ferien jäh beendet. Nun hetzen die drei jungen Männer auf die Straße vor der örtlichen Grundschule, in der sie die letzten Tage Quartier gefunden haben.

»Jetzt wirst du auf einen Schlag erwachsen«, fährt es dem achtzehnjährigen Gymnasiasten Jerzy Bielecki durch den Kopf. Über sich den dröhnenden Lärm deutscher Bomber, eilt er gemeinsam mit seinem Bruder zur Mutter, die bereits weinend vor dem elterlichen Haus steht und mit tränenerstickter Stimme »O meine Jungs, jetzt ist Krieg« stammelt. Dem Vater ist kaum ein Wort zu entlocken. Sorgenvoll und in sich gekehrt steht er vor seinen Söhnen und schweigt.

Sie haben seit Wochen gewußt, daß der Krieg kommen würde, sich keine Illusionen gemacht. Schließlich saßen immer häufiger die Männer beisammen und erkundigten sich bei Jerzys Vater, dem Gemeindesekretär Karol Bielecki, nach dessen Ansichten über Polens Zukunft und die Provokationen der Nazideutschen. Doch was sich da im Westen wirklich zusammenbraut, kann zu diesem Zeitpunkt niemand ahnen. Mit dem »Fall Weiß«, dem Angriff auf Polen, beginnt ein Gemetzel, das sich wenig später zum Zweiten Weltkrieg ausweiten wird; in ein paar Jahren wird Europa in Schutt und Asche liegen.

Die letzten Monate sind eine Zeit voller Anspannung gewesen. Dem »Anschluß« Österreichs an das Deutsche Reich folgte die Zerschlagung der Tschechoslowakei. Und obwohl bereits am 31. März 1939 Großbritannien und Frankreich einen Vertrag abgeschlossen hatten, der die Unabhängigkeit Polens garantieren sollte und die beiden Mächte gegebenenfalls zum Kriegseintritt gegen Deutschland verpflichtete, nahmen die deutschen Attacken auf den östlichen Nachbarn zu. Ununterbrochen hat Nazi-Chefpropagandist Joseph Goebbels in der Vergangenheit gegen Polen gehetzt, das »ein Schandfleck für Europa« sei und sich auf einem »zurückgebliebenen Kulturstand« befinde, »der heute noch auf der Höhe von 1760 steht«. Immer drängender wurden die Forderungen der Deutschen nach einer Eingliederung der Freien Stadt Danzig ins Reich und der Lösung der »Korridor-Frage«. Im Friedensvertrag von Versailles war Polen ein dreißig bis neunzig Kilometer breiter Zugang zur Ostsee zugesprochen worden, der fortan Ostpreußen vom übrigen Reichsgebiet trennte und zu stetigen Spannungen führte.

Als am 22. August schließlich das deutsche Rundfunkprogramm gegen zehn Uhr abends unterbrochen und verkündet wurde, daß Außenminister Joachim von Ribbentrop zur Unterzeichnung eines Nichtangriffspaktes mit der Sowjetunion nach Moskau fliege, zweifelte niemand mehr am kommenden Krieg.

Jerzy, Schüler in der dritten Klasse eines Krakauer Gymnasiums, hatte in den unruhigen Vorkriegswochen Sommerferien und war gemeinsam mit seiner Mutter und dem Bruder Leszek zum Vater aufs Land gefahren. Dessen berufliche Stellung als Gemeindesekretär in Michałowice und der Wunsch der Söhne, die höhere Schule in Krakau zu besuchen, hatten eine vorübergehende Trennung der Familie unvermeidlich gemacht. Schweren Herzens war deshalb Mutter Zofia Bielecka mit den beiden älteren Söhnen in die nur zehn Kilometer entfernte Großstadt gezogen und hatte sich in der Ulica Lubelska eine Dreizimmerwohnung gemietet, während Krzysztof und Karol, der Jüngste, beim Vater geblieben waren. Nun wollte die Familie eine paar unbeschwerte Tage in Michałowice verbringen.
Um der väterlichen Strenge zu entgehen, suchten sich Jurek, Leszek und Staszek Stachura, ein Freund der beiden, der bei Vater Bielecki als Bote arbeitete, Unterkunft im Schulgebäude, wo die Heranwachsenden ungestört waren.
Und nun fallen die ersten Bomben auf polnische Städte. Es ist eingetreten, was alle befürchtet haben und wovor Europa zittert. Es kommt zum Krieg, von dem viele bereits wissen, daß er ein großer Krieg werden wird. Und doch mischt sich an diesem 1. September auch eine seltsame Erleichterung in die Angst. Endlich ist die quälende Ungewißheit vorbei. Auch glauben nicht wenige Polen, die deutsche Wehrmacht zurückdrängen zu können. Zwei Wochen vor Ausbruch des Kriegs hatte der polnische Botschafter in Paris, Juliusz Lukasiewicz, gar behauptet, man werde, sollten die Nazideutschen den Krieg wollen, »von Kriegsbeginn an Deutschland besetzen«. Das polnische Oberkommando hofft, die deutschen Truppen aufhalten zu können, und spekuliert auf einen Eintritt der Westmächte und die Errichtung einer zweiten Front.

Jerzy Bieleckis Eltern: Hochzeitsfoto

Jerzy (Mitte) mit seinen Brüdern Leszek (links) und Krzysztof

Von diesem Patriotismus ist auch Jerzy Bielecki durchdrungen. Fast scheint es, als habe er auf diesen Krieg gewartet. Die Eltern ohnmächtig und verschreckt vor dem Haus stehen zu sehen schmerzt ihn. Sie teilen seinen Optimismus nicht, sie trauern bereits um ihre Söhne. Doch Jurek hat »das Bewußtsein zu kämpfen«, sich zumindest nicht wehrlos den »Hitleristen« zu ergeben. Er zieht Leszek und auch Staszek ins Vertrauen. Einen Tag später machen sich die drei, eher enttäuscht, daß sie nicht längst rekrutiert worden sind, mit ihren Fahrrädern auf den Weg in die nächste Kaserne in Krakau, um sich freiwillig zu melden. Sie haben nicht viel Gepäck bei sich: Ein Hemd, eine lange Hose, ein bißchen Geld – das muß reichen.

Daß die Eltern nichts von den Plänen wissen, stört sie nicht – die würde schon das Militär informieren. Doch daß kein einziger polnischer Soldat auf den Straßen zu sehen ist, während die Messerschmitt-Maschinen über sie hinwegrasen, können sie kaum begreifen. Die Reaktion des diensthabenden Offiziers jedoch schockiert sie zutiefst und kränkt sie in ihrem jugendlichen Eifer. Er lächelt nur. Dann sagt er milde: »Ihr habt noch Zeit« und schickt die drei Freiwilligen nach Hause zu den Eltern.

Dabei hatten sie gemeint, sie würden »mit offenen Armen« empfangen. Sie hatten auch vorgebracht, daß sie im Gymnasium schon durch eine obligatorische Wehrausbildung auf den Ernstfall vorbereitet worden waren, doch hatten die Beteuerungen, daß sie zur Verteidigung des Vaterlandes entschlossen waren, nichts genützt.

Jetzt stehen sie vor dem Kasernentor und geben Polen verloren.

Was Jureks Onkel Aleksander, der jüngste Bruder seines Vaters, an einem der folgenden Tage zu berichten hat, macht auch nicht mehr Mut. Der Berufsoffizier hatte sich in seinem Wagen auf den Weg nach Michałowice gemacht, um Karol Bielecki Bericht über die militärische Lage zu erstatten. Zwar sind die beiden Brüder während der dreistündigen Unterredung allein im Zimmer, doch kann Jerzy es sich nicht verkneifen, an der Tür zu lauschen. »Das Militär hat unser Land verraten«, raunt der Onkel düster, »es zieht sich zurück, statt zu kämpfen.« Dann verschwindet er wieder zu seiner Truppe.

Bereits am 6. September rollen die ersten deutschen Panzerwagenkolonnen durch die menschenleeren Straßen Michałowices. Die deutschen Landser sehen nicht so aus, als seien sie von der polnischen Gegenwehr sonderlich beeindruckt, und das Oberkommando der Wehrmacht gibt derweil in seinem Tagesbefehl bekannt, »starke Kräfte« drängten »dem auf Krakau zurückweichenden Gegner nach«: »Die eilig abziehenden Polen haben nur geringe Zerstörungen vorgenommen.« So könne in der Bergbauregion damit gerechnet werden, daß die Arbeit in den Gruben »in Kürze wieder aufgenommen wird«.

Der polnische Widerstand kann dem deutschen Angriff nicht lange standhalten. Zwar hatten Frankreich und England dem Reich bereits am 3. September den Krieg erklärt, doch an der Westgrenze Deutschlands bleibt es im Herbst 1939 ruhig – zum Glück für die Wehrmacht, die an dieser Flanke durchaus verletzbar erscheint. Am 27. September schließlich kapituliert Warschau – zu einem Zeitpunkt, als sich die polnische Regierung bereits in Rumänien befindet. Auch große Teile der Armee sind über die Grenzen geflüchtet und versuchen nun, sich als Exilarmee zu reorganisieren und den Kampf gegen die Deutschen fortzuführen, während die Rote Armee die weißrussischen und ukrainischen Ostprovinzen Polens besetzt. »Polen ist erledigt«, notiert Joseph Goebbels am 10. Oktober zufrieden in sein Tagebuch. Und: »Des Führers Urteil über die Polen ist vernichtend. Mehr Tiere als Menschen, gänzlich stumpf und amorph.«

Den verbalen Ausfällen folgt der Terror. Zuerst wird Polen

zerschlagen: Die Regionen um Danzig im Norden, um Posen im Westen und Oberschlesien im Südwesten werden als Gaue ins Deutsche Reich integriert, während als »Lebensraum« für die Polen das »Generalgouvernement« vorgesehen ist, dessen Hauptstadt Krakau wird. Dann beginnt die Verfolgung der Intelligenz. »Aufgabe der sicherheitspolizeilichen Einsatzkommandos ist die Bekämpfung aller reichs- und deutschfeindlichen Elemente im Feindesland rückwärts der fechtenden Truppe«, heißt es in den »Richtlinien für den auswärtigen Einsatz der Sicherheitspolizei und des SD«.

Kurze Zeit zuvor war Reinhard Heydrich zum Leiter des »Reichssicherheitshauptamtes« ernannt worden, einer neugeschaffenen Einrichtung, welche die Heinrich Himmler unterstellte Sicherheitspolizei, bestehend aus Gestapo und Kriminalpolizei, und den Sicherheitsdienst (SD) vereinigte. Ihre Einsatzgruppen sollten die neuen Richtlinien hinter der Front umsetzen. »Die führende Bevölkerungsschicht soll so gut wie möglich unschädlich gemacht werden«, erklärte Heydrich am 7. September in einer Amtsbesprechung.

Was darunter zu verstehen ist, erfahren die Professoren der traditionsreichen Krakauer Jagiellonen-Universität als erste. Am 6. November werden 183 Angehörige der Hochschule im Hauptgebäude der Universität verhaftet; die meisten von ihnen kommen nach Sachsenhausen. Zwölf der Verhafteten sterben bereits während der ersten neun Wochen im Konzentrationslager.

Da der Schulunterricht fortan untersagt ist und die deutsche Sicherheitspolizei in Krakau Jagd auf Intellektuelle macht, bleiben Jerzy, seine Brüder und auch die Mutter in Michałowice. Hier bekommen sie vom Terror der Nazis nicht allzuviel mit. Freilich machen Gerüchte über plötzliche Verhaftungen die Runde. Und auch über die Aktivitäten des

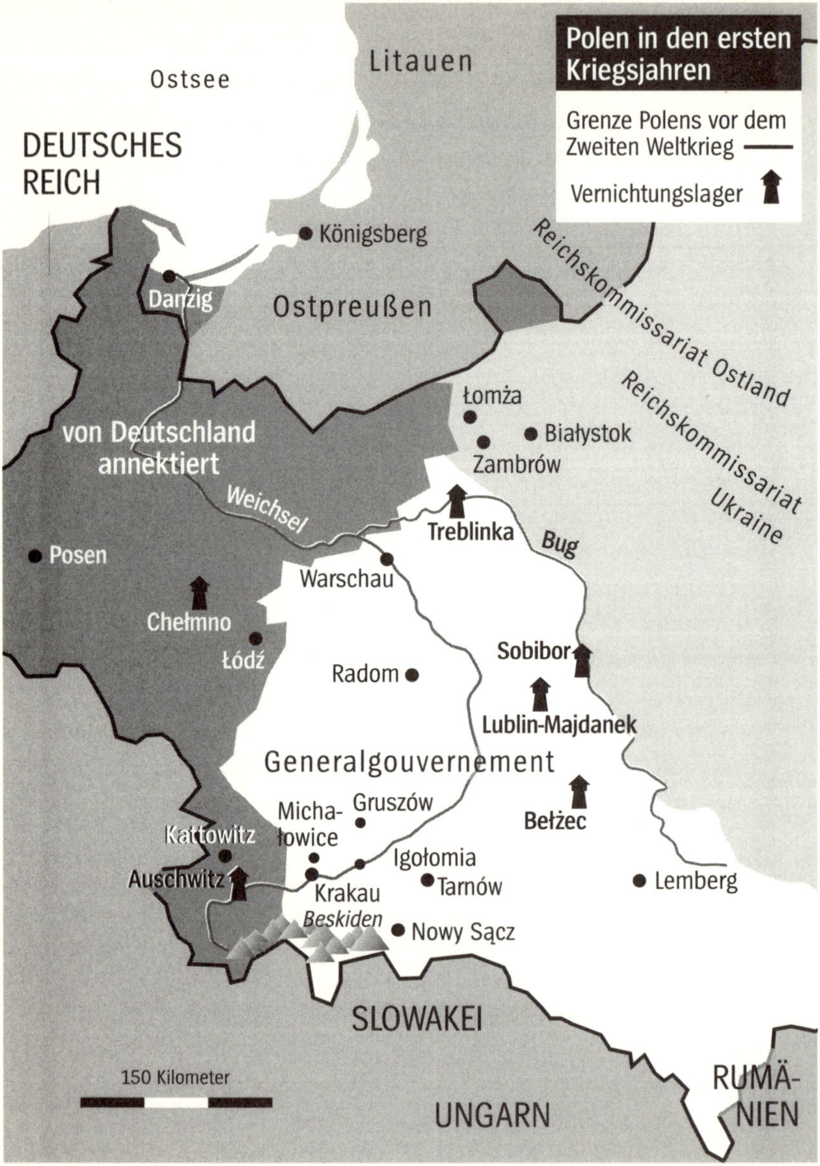

Polen in den ersten Kriegsjahren
Grenze Polens vor dem Zweiten Weltkrieg
Vernichtungslager
Ostsee
Litauen
DEUTSCHES REICH
Königsberg
Danzig
Ostpreußen
Reichskommissariat Ostland
Reichskommissariat Ukraine
Łomża
Białystok
Zambrów
von Deutschland annektiert
Weichsel
Treblinka
Bug
Posen
Warschau
Chełmno
Łódź
Sobibor
Radom
Lublin-Majdanek
Generalgouvernement
Michałowice
Gruszów
Bełżec
Kattowitz
Igołomia
Auschwitz
Krakau
Tarnów
Lemberg
Beskiden
Nowy Sącz
SLOWAKEI
150 Kilometer
UNGARN
RUMÄNIEN

polnischen Generals Władysław Sikorski, der nach Paris entkommen ist, dort eine Exilregierung aufgebaut hat und nun den Widerstand gegen die Besatzer organisiert. Sikorski, auch Oberbefehlshaber der polnischen Streitkräfte, wird zum Inbegriff der Hoffnung unter den polnischen Patrioten, zu denen sich auch Jerzy Bielecki zählt.
Während sich unter den Polen Entsetzen über die schnelle Niederwerfung der eigenen Armee und die Passivität vor allem Englands und Frankreichs ausbreitet, das die vage Aussicht auf die Organisation des Widerstands kaum zu mildern vermag, arbeiten die Deutschen fieberhaft an Plänen, wie mit dem besetzten Staat und seiner Bevölkerung zu verfahren sei – zu dieser Zeit leben über drei Millionen Juden in Polen.
Bereits am 29. September erläutert Adolf Hitler im engsten Kreis seine Vorstellungen. In »drei Streifen« sei das besetzte Gebiet zu teilen. »Zwischen Weichsel und Bug« sollten das »gesamte Judentum (auch aus dem Reich) sowie alle irgendwie unzuverlässigen Elemente« angesiedelt werden, an der Weichsel müsse ein »unbezwingbarer Ostwall – noch stärker als im Westen –« entstehen. In einem Gebiet, welches an das Deutsche Reich angeschlossen werde, sei ein »breiter Gürtel der Germanisierung und Kolonisierung« geplant, dazwischen solle »eine polnische ›Staatlichkeit‹« errichtet werden.
Nun, knapp zwei Monate später, erscheint in Berlin eine Denkschrift des »Rassenpolitischen Amtes der NSDAP« mit dem Titel »Behandlung der Bevölkerung der ehemaligen polnischen Gebiete nach rassenpolitischen Gesichtspunkten«. Die Pläne, eingeteilt in die Kapitel »Eindeutschung«, »Abschiebung« und »Neubesiedlung«, sehen vor, etwa 6,6 Millionen Polen aus den ins Reich integrierten Gebieten nach Osten zu vertreiben, 1,5 Millionen Menschen »umzu-

volken«, die polnische Intelligenz zu vernichten und »rassisch wertvolle Kinder« aus ihren polnischen Familien zu reißen und zu Deutschen zu machen.
Vorgesehen ist auch, sogenannte Volksdeutsche aus den nun von der Roten Armee besetzten Gebieten Ostpolens und des Baltikums als »Wehrbauern« nach Westen umzusiedeln. »Dies wäre«, notiert Naziideologe Alfred Rosenberg, »eine Hauptaufgabe für das Volksganze: eine deutsche Kornkammer zu schaffen, ein starkes Bauerntum, gute Deutsche aus der ganzen Welt umzusiedeln.« Und Himmler fabuliert bereits, in fünfzig bis achtzig Jahren würden im neuen deutschen Osten zwanzig Millionen deutsche Siedler leben, die Hälfte von ihnen Bauern mit jeweils acht bis zehn Kindern: »Die Siedlungen müssen besondere Sauberkeit aufweisen, und die Anlagen der Häuser müssen sauber und praktisch sein.« Sei das vollbracht, könne die Frage einer Erweiterung des Reichsgebietes nach Osten neu verhandelt werden. Das sei eben »der ewige Lauf der Geschichte eines Volkes – immer wieder werden Äcker erobert und [wird] neu gesiedelt ...«
Welche Rolle den Polen im »germanisierten« Osten zukommt, formuliert Heydrich: »Ziel ist, der Pole bleibt der ewige Saison- und Wanderarbeiter, sein fester Wohnsitz muß in der Nähe von Krakau liegen.«

Cyla Cybulska führt bis zu dieser Zeit ein relativ sorgloses Leben in Łomża. Zwanzigtausend Menschen leben 1939 in der Kleinstadt nahe Białystok, mehr als die Hälfte davon sind Juden. In den letzten Jahren hatte sich hier eine rege jüdische Gemeinde mit verschiedenen Schulen, einer großen Synagoge, Zeitungen, politischen Parteien und einem jüdischen Krankenhaus etabliert.
Als die deutschen Herrenmenschen Mitte September auch nach Łomża kommen, reagieren die jüdischen Bewohner

des Ortes zunächst verschreckt. Berichte über Pogrome machen die Runde – daß polnische oder ukrainische Antisemiten die Anwesenheit der Nazis dazu nutzen, die Juden ungestraft zu terrorisieren. Häuser werden angezündet und Juden auf offener Straße totgeschlagen, Lynchstimmung breitet sich aus, und so flüchten nicht wenige aus Furcht vor dem braunen Terror in nahe gelegene Wälder und halten sich versteckt.

Glücklicherweise zieht sich die Wehrmacht nach kurzer Zeit wieder zurück, während die Rote Armee vorrückt – in der Nähe liegt die Demarkationslinie, die Polen fortan in einen deutsch und einen sowjetisch besetzten Teil trennt.

Cyla ist zu dieser Zeit achtzehn Jahre alt. Ihr Vater, ein »sehr, sehr feiner Mann, der einer bekannten jüdischen Familie entspringt«, ist Miteigentümer der »Gesellschaft Mühle Narew«, benannt nach dem Fluß, der durch Łomża fließt. Diese Gesellschaft betreibt im Zentrum der Stadt eine große, moderne Dampfmühle mit Dutzenden Angestellten. Über Geldmangel kann die Familie Cybulski denn auch nicht klagen. Sie besitzt über fünfzig Hektar Wald, mehrere Pferde, eine große Wohnung. Um die vier Kinder kümmern sich zwei Dienstmädchen. Um die Finanzen eine Buchhalterin.

Manchmal geht Cyla mit ihrem großen Schäferhund spazieren, der das hübsche Mädchen mit den dunkelbraunen Locken vor allzu aufdringlichen Altersgenossen schützen soll.

Warum ißt du nichts?« Zofia Bielecka wundert sich über ihren Sohn. Der hat sonst immer einen guten Appetit, gilt in seinem Jahrgang als einer der Stärksten. Manchmal besiegt er sogar seinen Onkel Bronek im Armdrücken. Doch heute scheint ihm irgend etwas auf den Magen geschlagen zu sein. Jurek sagt kein Wort.

Im Nebenzimmer hat es sich der Vater vor seiner Zeitung bequem gemacht. Neben Jurek sitzt Karol, der jüngste der Söhne, und stochert ebenfalls lustlos in seinem Abendessen, gegenüber Krzysztof. Leszek, der ältere Bruder, ist bei Freunden. Es ist der 20. April 1940, und Jerzy Bielecki hat eine Entscheidung getroffen, von der die Familie nichts ahnt. Nur Karol, Jerzys Lieblingsbruder, ist eingeweiht.

Es ist eine Entscheidung, die sein Leben von Grund auf verändern wird. Jurek hat beschlossen, die Familie zu verlassen und zu kämpfen. Er befürchtet, Heydrichs Häscher könnten eines Tages auch zu ihm, dem Oberschüler, der aus seiner Meinung über Nazideutschland nie ein Hehl gemacht hat, kommen und ihn abtransportieren – zur Zwangsarbeit oder in irgendeines ihrer Lager.

Während er so schweigsam dasitzt, verabschiedet er sich in Gedanken von Michałowice, den Eltern, den Brüdern.

Nach einer Weile steht er auf und drückt Karol an sich. »Ich muß jetzt gehen«, sagt er, um eine feste Stimme bemüht. Dann küßt er den geliebten Bruder auf die Wange. Er geht in die Küche, darauf bedacht, so normal wie möglich zu wirken, und verläßt schließlich das Haus. Karol blickt ihm nach, wie er in der Dunkelheit verschwindet. Nicht

weit vom Elternhaus entfernt stoppt Jurek und sucht etwas im Gebüsch. Dann wird er fündig. Hastig zieht er einen schweren Rucksack aus dem Gestrüpp und prüft kurz den Inhalt: ein Hemd, zusammengefaltet, ein Pullover und ein dünner Mantel, daneben eine Decke – »zusammengerollt, wie man das beim Militär macht«. Obendrauf eine Mettwurst, »hart wie ein Knüppel«.
Zufrieden hastet er fünfhundert Meter weiter zu einem kleinen, birkenbewachsenen Hügel. Dort wartet bereits Staszek und meint nervös: »Endlich bist du da. Jetzt fehlt nur noch Edek.« Edmund Bubka, ein Freund der beiden aus Michałowice, kommt nach einer Weile und wird gescholten: »Wie konntest du dich verspäten?« Bald darauf machen sich die drei auf den Weg über die Felder in Richtung Südosten. Ihr Ziel ist die polnisch-ungarische Grenze. Dann soll es weitergehen zur Armee von General Sikorski.
Sie marschieren die ganze Nacht durch, überqueren die Weichsel, orientieren sich danach an den Bahngleisen. In der Morgendämmerung erreichen sie schließlich ein Dorf. »Gibt es hier eine Bahnstation?« fragen sie ein Mütterchen mit Milchkanne. »Ja«, antwortet die Alte, die sei nur hundert Meter entfernt.
Ungefähr zur selben Zeit findet Karol Bielecki den Brief seines Sohnes. Er habe seine – des Vaters – Uhr geborgt und auch zweihundert Złoty – damals viel Geld. Doch er solle nicht zürnen, bittet Jerzy. »Du erhältst alles zurück.« Nun müsse er erst seine patriotische Pflicht erfüllen und sich dem polnischen Widerstand gegen die Deutschen anschließen. Nach dem Krieg werde er zurückkommen.

Während Jerzy und seine beiden Freunde auf dem Weg Richtung Nowy Sącz sind, von wo aus sie versuchen wollen, die Grenze zu erreichen, forcieren die Deutschen ihre

Umsiedlungs- und Umvolkungspläne. Binnen weniger Monate kommen Zehntausende von »Volksdeutschen« aus dem Baltikum »heim ins Reich«, während ebenso viele Juden und Polen aus den dem Reich einverleibten Teilen Polens ins Generalgouvernement deportiert werden. »Wenn man aufbauen will«, erklärt der Geographieprofessor Walter Geisler von der neu errichteten Reichsuniversität Posen die drastischen Maßnahmen, »muß eine Säuberungsaktion vorausgehen, das heißt, es muß vernichtet und ausgemerzt werden, was nicht in den Plan hineinpaßt oder sich ihm widersetzt.«

Ähnliches meint Goebbels: »Die Polen werden allmählich bis zum letzten Mann herausgedrückt. Da gibt es keinen Pardon. Diese ganze Provinz muß kerndeutsch werden.«

Nach kurzer Zeit wirken diverse polnische Städte bereits wie ausgestorben. Ein schwedischer Journalist, der die Stadt Gdynia besucht, berichtet, die Bezeichnung »Totenhafen« gäbe den Zustand im Ort angemessener wieder als die deutsche Umbenennung in »Gotenhafen«: »Eine Stadt, die früher von 130 000 bewohnt war, hat jetzt 17 000 Einwohner. Nur einige hundert Polen sind in Gdynia übriggeblieben, und ihr Schicksal ist sehr schwer. Sie hungern, weil sie keine Lebensmittelkarten bekommen.«

Größere Probleme bereitet den Nazis freilich die oberschlesische Bergbau- und Schwerindustrieregion. Viele der hier lebenden Polen lassen sich selbst im Zuge der Germanisierungsbestrebungen der Besatzer nicht ohne weiteres vertreiben: Ohne die polnischen Arbeitskräfte käme die für die Deutschen kriegswichtige Produktion zum Erliegen. Doch wenn die Polen in dieser Region blieben, fürchtet Heinrich Himmler, dann bliebe mit ihnen ein ständiger Unsicherheitsfaktor: die Intelligenz und die politisch organisierte Arbeiterschaft.

Im Frühjahr 1940 beschließt der »Reichsführer SS«, in einem sumpfigen und schwülen Talkessel rund sechzig Kilometer von Krakau entfernt ein Konzentrationslager für unliebsame Polen zu errichten. Der Ort wirkt desperat: Im Sommer wimmelt es von Stechmücken, die Luft steht, und drückende Hitze legt sich über die gesamte Gegend. Nahe einer entlegenen Kleinstadt namens Oświęcim mündet die Soła in die Weichsel und überspült regelmäßig im Frühjahr die anliegenden Weiden. Doch was den Ort für ein Häftlingslager interessant macht, sind die Abgeschiedenheit der Region, eine Eisenbahnverbindung und etwa zwanzig heruntergekommene rote Backsteinbaracken, die einst eine österreichische Artilleriekaserne darstellten und später dem polnischen Militär dienten. Der deutsche Name des Ortes lautet Auschwitz.

Am 30. April, zehn Tage nachdem Jerzy Bielecki bei Nacht sein Elternhaus verlassen hat, um nach Südosten zu entkommen, verläßt Rudolf Höß, bisher bei der KZ-Verwaltung in Sachsenhausen, mit fünf SS-Männern den Zug aus Breslau und besichtigt seine zukünftige Arbeitsstätte: das Kasernengelände von Auschwitz. Hier soll er als Kommandant »in kürzester Frist aus dem bestehenden – zwar gebäudemäßig gut erhaltenen, aber völlig verwahrlosten und von Ungeziefer wimmelnden – Komplex ein Durchgangslager für zehntausend Häftlinge schaffen«. Wenig später beginnen die Bauarbeiten. »Die Aufgabe«, befindet der SS-Hauptsturmführer, der seinen Dienst in verschiedenen deutschen Konzentrationslagern bereits 1934 in Dachau begonnen hat, sei »nicht leicht«.

In dem Dorf mit dem kleinen Bahnhof rasten Jerzy, Staszek und Edek. Es ist bereits hell, und eine Gaststätte bietet Tee und Bänke zum Verschnaufen. Gemeinsam machen sie sich über die mitgebrachte Wurst her und warten auf den Zug aus Krakau. Zwar ist Nowy Sącz, eine von buckligen Bergen umrahmte Kleinstadt in den Beskiden, das vorläufige Reiseziel der drei, doch besorgen sie sich, um keinen Verdacht zu erregen, zunächst Karten für eine Fahrt in den näher gelegenen Ort Bochnia. Später, im Abteil, erweist sich die Tarnung zwar nicht als perfekt, die Vorsicht jedoch als durchaus angebracht.

»Ihr wollt nach Bochnia?« fragt ein alter Bauer, der mit seiner Frau auf dem Weg zum nächsten Markt ist, die drei mißtrauisch. Nach einem prüfenden Blick auf die jungen Männer und ihr leichtes Marschgepäck rät er: »Fahrt nicht dorthin, steigt vorher aus! Dort wimmelt es von Gendarmen. Steigt aus, rate ich euch.«

An einer verlassenen Station stürzen sie fluchtartig aus dem Zug. In der Nähe liegt ein kleiner Wald. Dort, im Unterholz, studieren sie zunächst die Landkarte und stellen beunruhigt fest, daß sie noch nicht besonders weit gekommen sind, obwohl es bereits Nachmittag wird. Knappe zehn Kilometer entfernt liegt ein Städtchen namens Wiśnicz, erfahren sie. Dann brechen sie auf und marschieren zügig, Lieder singend, die von der Heimat Polen handeln und von Menschen, die sie zu verteidigen bereit sind.

Ihre Richtung ist Südost. Auf einem Hügel liegt ein kleines Schloß in der tiefstehenden Sonne. Wiśnicz umgehen sie aus Angst vor der Polizei weiträumig, und als die Beine müde werden und es bereits so dunkel ist, daß sie den Weg kaum noch erkennen können, lassen sie sich in einem Gebüsch nieder und schlafen fröstelnd ein.

Neblig kündigt sich am Morgen der Tag an, es ist kalt und feucht. Um sich aufzuwärmen, machen Jurek, Staszek und Edek ein wenig Gymnastik und frühstücken; sparsam müssen sie ihre Ration aufteilen. Dann setzen sie ihren Marsch fort und erreichen nach einer Weile eine Chaussee. Linker Hand fließt ein Bach, über den eine schmale Brücke führt. Nach weiteren zehn Kilometern – nun steht die Sonne schon hoch und trocknet die klammen Kleider – laden eine Wiese und ein paar Felsbrocken zur Rast ein.

Plötzlich schreckt die Gefährten ein Motorengeräusch auf. Für einen schnellen Aufbruch ist es zu spät. Das nächste Gebüsch zu weit entfernt, das sich nähernde Wehrmachtsfahrzeug zu schnell.

»Wohin wollt ihr?« herrscht ein Unteroffizier die drei an.

»Nach Nowy Sącz.«

»Was wollt ihr dort?«

»Wir müssen zum Begräbnis einer Tante.« Diese Erklärung haben sie sich für den Fall einer Kontrolle zurechtgelegt, und um die Legende glaubhafter zu machen, hat Jurek ein Formular aus dem väterlichen Gemeindesekretariat besorgt und sich selber eine Bestätigung für die Trauerfeier ausgestellt. Der Deutsche liest das Papier und lächelt, schon etwas milder gestimmt. Dann springt er in seinen Wagen und fährt davon. Für die Jungen ist diese erste Feindberührung eine Warnung: Diesmal haben sie Glück gehabt, doch in Zukunft müssen sie vorsichtiger sein.

In der Dunkelheit erreichen sie den Ort Dąbrowa, knapp zehn Kilometer von Nowy Sącz entfernt, nicht mehr als eine Anhäufung verschiedener kleiner Gehöfte – ein verschlafenes Nest, von dem aus man die Lichter der Dreißigtausend-Einwohner-Stadt Nowy Sącz unten im Tal ausmachen kann. Mißtrauisch beäugen die Einheimischen hier jeden Fremden, der sich nähert. Dennoch haben die drei Glück. Sie stoßen auf einen etwa Gleichaltrigen, erzählen ihm auf der Dorfstraße von der angeblichen Beerdigung, die sie hierher verschlagen habe, und erkundigen sich nach einer

Übernachtungsmöglichkeit. Der junge Mann, sein Name ist Józef Waszko, nimmt die Freunde mit zu sich nach Hause. Beim Abendbrot bekräftigen sie zwar eloquent ihre Absicht, die verstorbene Tante beizusetzen, doch Vater und Sohn Waszko lachen nur. »Wir wissen genau, wohin ihr wollt. In dieser Gegend wimmelt es von ›Touristen‹ wie euch.« Dann bringt Vater Waszko die drei Desperados bei Bekannten unter. Die Familie Zając bewohnt das Haus Nummer achtundvierzig im Dorf: ein einstöckiges, kleines Bauernhaus, an einem Hang gelegen und hinter üppigen Bäumen verborgen. Ein Ort, an dem die Deutschen wohl kaum ein Partisanenversteck vermuten würden.

Und die Familie Zając ist zuverlässig. Die beiden ältesten Söhne Bronisław und Mieczysław sind von den Besatzern zur Zwangsarbeit ins »Reich« verschleppt worden, der jüngere Sohn Jan, gerade zehn Jahre alt, hält sich aus Furcht bei Verwandten versteckt. Nur der Vater Jan Zając und Mutter Stefania mit dem Säugling Józef sind noch geblieben. Die Gäste aus Michałowice würden sie um keinen Preis an die Nazis verraten. Sie verstecken die »Touristen«, ohne lange nach den wahren Absichten zu fragen, die sie an diesen Ort geführt haben.

Nun schließen sich auch Józef und dessen Freund Ignacy Respekta der Gruppe an. Stundenlang hocken sie mit den neuen Kameraden abends im Hause Zając zusammen und schmieden Fluchtpläne. Józef verspricht, am Bahnhof in Nowy Sącz für den Grenzübertritt brauchbare Informationen einzuholen. In welchen Abständen fahren die Züge weiter Richtung Grenze? Wird der Bahnhof von deutschem Militär oder der Gestapo bewacht?

Als er ein paar Tage später über den Bahnsteig schleicht, um die Lage zu überprüfen, tritt plötzlich ein Mann auf den

Jungen zu. »Mein Name ist Dobrowolski, ich bin Leutnant der polnischen Armee«, stellt sich der Fremde höflich vor und erkundigt sich, wohin Józef fahren wolle. Der Zivilist wirkt glaubwürdig. Er ist Mitte Vierzig und hat ein gepflegtes Äußeres: eine blonde Igelfrisur, einen durchtrainierten Körper und zwei goldene Schneidezähne. In dieser Gegend auf einen ehemaligen Angehörigen der polnischen Armee zu stoßen ist zudem nicht ungewöhnlich. Früher lebten hier, nahe der slowakischen wie der ungarischen Grenze, viele Militärs. Dobrowolski bietet Józef, der beteuert, keine Reise zu planen, eine Zigarette an. Dann setzt er sich neben ihn auf eine der Holzbänke.

»Wenn du über die Grenze willst, kann ich dir helfen«, meint er gelassen.

In diesem Moment entscheidet sich das weitere Schicksal der Verschwörer. Józef weiß, daß sie verloren sind, wenn er die Fluchtpläne jetzt zugibt und Dobrowolski ein Spitzel der Nazis ist. Ist Dobrowolski aber wirklich ein Leutnant der polnischen Armee, dann kann er die Gruppe auch sicher über die Berge ins Ausland führen.

Józef geht auf das Angebot ein.

Am nächsten Abend sitzt Dobrowolski in der Stube des Zając-Hauses. Er hat eine Flasche Schnaps mitgebracht, eine Wurst und Speck. Er will erfahren, was die Gruppe plant und aus wie vielen Leuten sie besteht. Dann fragt er beiläufig nach Waffen. Jerzy Bielecki ist »wie elektrisiert«. Noch am Abend, nachdem der seltsame Gast das Haus verlassen hat, nimmt er sich Józef zur Brust. Der müsse doch wahnsinnig sein, sich mit diesem Mann einzulassen. Niemand kenne ihn, und in der Gegend wimmle es von Gestapospitzeln.

Doch in den nächsten Tagen geht alles gut, so daß Jurek beruhigt nach Sanok, einer weiter östlich gelegenen Kleinstadt, fährt, um seinen alten Freund Tadek Dambrowski zu treffen. Von ihm erhofft er sich Informationen über die Lage an der Grenze. Dambrowski kann er darüber hinaus vertrauen. Er ist in die Fluchtpläne eingeweiht und zuverlässig. Später will er sich den zu Sikorskis Soldaten Flüchtenden anschließen. Allerdings kann Tadek seinem Freund im Moment keine positiven Nachrichten übermitteln. Überall in der Gegend patrouillierten ukrainische Nazikollaborateure, die Kopfgeld für ergriffene »Touristen« erhielten, berichtet er. Die Lage sei äußerst angespannt, und vom Versuch, sich von hier nach Süden durchzuschlagen, rate er dringend ab. Enttäuscht macht sich Jerzy auf den Rückweg.

Da die alte Handelsstadt Nowy Sącz aufgrund ihrer geographischen Nähe zur Slowakei und zu Ungarn zur Durchgangsstation vieler polnischer Nazigegner geworden ist, haben die Deutschen hier das Netz ihrer Spitzel besonders eng geknüpft. Das ahnen Jerzy Bielecki und seine Mitstreiter. Doch in welcher Gefahr sie sich befinden, wissen sie nicht. Abenteurertum und Liebe zum Vaterland treiben sie um. Wie schnell man in der Gewalt der Besatzer den Tod finden kann, hat sich noch nicht überall herumgesprochen.

Nicht immer können sich Heydrichs Einsatzgruppen auf die Bereitschaft der Wehrmacht zur Kooperation uneingeschränkt verlassen. Betrübt über kleinere Unstimmigkeiten mit dem Heer und gleichermaßen berauscht von der eigenen Unbarmherzigkeit, stellt der Leiter des Reichssicherheitshauptamtes fest, »über grundsätzliche Fragen der Staatsfeindbekämpfung« bestehe »in vielen Fällen bei den höheren Befehlshabern des Heeres eine grundsätzlich andere Auffassung«. Die Ursache sei wohl, »daß die Weisungen, nach denen der polizeiliche Einsatz handelte, außerordentlich radikal waren«.

Und tatsächlich kommt es in diesen Tagen häufig vor, daß die »Geheime Feldpolizei« gegen deutsche Soldaten ermittelt. Wegen Plünderungen und Vergewaltigungen, aber auch wegen antisemitischer Übergriffe und Gewalttätigkeiten gegenüber polnischen Gefangenen. So werden in dem Ort Busko-Zdrój »der Schütze Franz Rothe, der ledige Panzerschütze Siegfried Baudisch und der ledige Schütze Andreas Kerner« festgenommen. Die Verhafteten hätten einen jüdischen Kaufmann »schwer geschlagen«, ihm dann »zur Hälfte den Bart abgeschnitten«, ihn gezwungen, sich nackt auszuziehen, »ihn sodann auf die Straße geschleppt und ihn sich dort in einer Pfütze auf und nieder legen lassen«. In einem geheimen Vermerk des Heeresgruppenkommandos Süd heißt es, es sei bekannt geworden, daß »teilweise die Gefangenen unmenschlich verprügelt wurden«, was »mit der Ehre der deutschen Wehrmacht und des Einzelnen unvereinbar« sei.

Doch darüber, wie die Nazis mit ihren wirklichen oder vermeintlichen Gegnern tatsächlich umzugehen gedenken, läßt Hans Frank, selbstherrlicher und eitler Generalgouverneur im besetzten Polen, der nun prunkvoll in der alten Königsstadt Krakau residiert, keine Zweifel. Es sei an den Deutschen, führt er in einer Rede vor Polizisten aus, »nunmehr mit der Masse der in unseren Händen befindlichen aufrührerischen Widerstandspolitiker und sonst politisch verdächtigen Individuen in beschleunigtem Tempo Schluß zu machen und zu gleicher Zeit mit der Erbschaft des früheren polnischen Verbrechertums aufzuräumen. Ich gestehe ganz offen, daß das einigen tausend Polen das Leben kosten wird, vor allem aus der geistigen Führerschicht Polens. Für uns alle als Nationalsozialisten bringt aber diese Zeit die Verpflichtung mit sich, dafür zu sorgen, daß aus dem polnischen Volk kein Widerstand mehr emporsteigt.«

Am 24. April 1940 schickt Jerzy Bielecki über einen Kontaktmann einen ersten Brief an die Eltern in Michałowice. In Chiffren gibt er Auskunft über den Stand der Dinge. Das ersehnte Ungarn bezeichnet er in der Post als »Onkel«, die Gefahr, die durch Nazispitzel droht, als »Gewitter«.

»Liebste Eltern,
ich möchte mich noch einmal entschuldigen für die Überraschung, die ich Euch bereitet habe.
Macht Euch keine Sorgen. Ich werde die großen Schwierigkeiten meistern, und es geht mir ziemlich gut. Wir waren schon in Sanok, aber nachdem wir dort unsere Bekannten besucht haben, sind wir wieder in diese Gegend zurückgekommen.
Ich denke, daß wir bald unseren lieben Onkel sehen werden.
Wir wären eigentlich schon längst bei ihm, wurden aber durch ein Gewitter gestört, welches in der Folge in heftigen Regen ausgeartet ist.
Während ich diesen Brief schreibe, hört man aus der Ferne noch das Donnern.
Ich wünsche Euch gute Gesundheit und küsse Euch alle.
Euer Jurek«

Und an die Brüder:

»Lieber Krzysztof und Leszek,
ich weiß nicht, ob Ihr Euch nach mir sehnt.
Sollte es so sein, sorgt Euch nicht, denn ich werde bald bei bester Gesundheit wieder zu Hause sein.
Grüße von mir an die Bekannten und Kollegen.
Ich küsse Euch herzlich.
Jurek«

Trotz der enttäuschenden Nachrichten aus Sanok haben Jurek und seine Freunde am 7. Mai 1940 gute Laune. Morgen hat Staszek seinen Namenstag, und der, nehmen sich die jungen Leute vor, soll gebührend begossen und gefeiert werden. Darum stolpert ein ausgelassener Jerzy Bielecki jetzt, es ist zwischen acht und neun Uhr abends, den steil abfallenden Trampelpfad ins Dorf hinab, um in einer kleinen Hütte, halb Kneipe, halb Geschäft, eine Flasche Portwein und zwei Päckchen Zigaretten zu kaufen. Die Zigaretten sind als Geschenk gedacht – in Kriegszeiten geradezu eine Kostbarkeit. Die Flasche soll gemeinsam geleert werden. Eine Weile steht Jerzy unschlüssig vor dem Krämerladen, in dem einige Bauern sitzen und klönen. Er hat Angst, als Fremder im Dorf Mißtrauen zu erregen. Doch als die Einheimischen nicht gehen wollen, entscheidet er sich dennoch, den Laden zu betreten. »Die Bauern wissen ohnehin Bescheid«, beruhigt er sich. Auf das bevorstehende Fest möchte er die anderen nicht zu lange warten lassen. So kauft er, was benötigt wird, und eilt den Pfad, den dichte Hagebuttenbüsche säumen, wieder hinauf zum Haus.

Jerzy Bielecki hat die Herberge, die in der Dunkelheit nur schwer auszumachen ist, kaum erreicht, da fällt eine schwere Hand auf seine Schulter.

»Halt! Hände hoch!« befiehlt jemand barsch und packt ihn am Oberarm. Das grelle, frontale Licht eines Scheinwerfers läßt Jurek für eine Weile erblinden. Dann hört er schwere Schritte. Es sind viele, und sie kommen scheinbar aus dem Nichts. Vor Furcht erstarrt der junge Mann und verharrt reglos. Dann reißt ihm einer der Männer die Flasche aus der Hand, ein herbeigeeilter Hüne tastet seine Kleidung ab und nimmt schließlich ein Taschenmesser, das Portemonnaie und die Zigaretten an sich. Nun stehen ungefähr vier, fünf Männer um Jerzy Bielecki herum und tuscheln Unverständliches in deutscher Sprache. Als die Augen sich langsam an das aggressive Licht gewöhnt haben, erkennt der Festgehaltene die »Hitler-Uniformen«, und er begreift, daß er nun verhaftet ist. Nur kurz kann er über eine mögliche Flucht aus der mißlichen Lage nachdenken, da ertönt schon das Kommando: »Bloß weg mit ihm.« Ein kräftiger Stoß nach vorn, dann stürzt Jurek auf den steinigen Grund. Jemand packt ihn an der Hand, zerrt ihn hoch und schleift ihn ins Haus der Familie Zając.

Drinnen wird dem Überrumpelten der ganze Ernst der Lage schnell bewußt. In der Stube des Bauernhauses stehen Staszek und Edek bereits mit dem Gesicht zur Wand. Auf der Bank sitzt der seltsame Zivilist aus der polnischen Armee, daneben steht bedrohlich ein Gestapomann mit einer Pistole in der Faust. Die Fenster sind geschlossen. Laut schluchzt Stefania Zając, ihr Mann steht zitternd mit gesenktem Kopf bei ihr.

An diesem Abend werden in dem Dorf Dąbrowa fünf junge Männer verhaftet:

Edmund Bubka, »Edek«, siebzehn Jahre alt.
Jerzy Bielecki, »Jurek«, neunzehn Jahre alt.
Ignacy Respekta, neunzehn Jahre alt.
Józef Waszko, zwanzig Jahre alt.
Stanisław Stachura, »Staszek«, zweiundzwanzig Jahre alt.

Keine dreihundert Meter trennen das malerische Jugendstilrathaus auf dem Marktplatz von Nowy Sącz vom Kerker der Gestapo, einem zweihundert Meter langen, bedrohlich wirkenden Komplex hinter Draht und Mauern. Es ist stockdunkel, als der deutsche Militärlaster vorfährt und ein paar junge Männer von der Ladefläche geprügelt werden. »Los, raus!« gellen die Kommandos durch die Nacht, dann wird Jerzy Bielecki in eine Zelle im Parterre gestoßen, die anderen verschwinden ebenfalls hinter Eisentüren.

Nur mühsam gewöhnen sich die Augen des Gymnasiasten aus Krakau an die Dunkelheit. Dreiundzwanzig Männer befinden sich in dem vielleicht vierzig Quadratmeter großen Raum mit kahlen Wänden. Die meisten schlafen. Manche liegen wach, aber schweigend da. Nur einer blickt zu ihm herüber, Professor Świętosławski, der Bruder des letzten polnischen Unterrichtsministers. »Mach dir keine Sorgen, mein Junge«, meint er beruhigend, doch wider besseres Wissen, und weist dem Neuankömmling einen Platz auf einem der zweistöckigen Betten zu.

In dieser stockfinsteren Nacht bekommt Jerzy Bielecki kaum ein Auge zu. Statt mit General Sikorskis Heimatkämpfern die Freiheit Polens zu erstreiten, ist er jetzt den verhaßten Hitlerdeutschen ausgeliefert. Schwer liegt die verbrauchte Luft in dem überfüllten Raum.

Als der Morgen dämmert, werden die Gefangenen vom Lärm knatternder Dieselmotoren geweckt. Militärtransporter rollen durch das Gefängnistor auf den Innenhof. Dann kann man hören, wie zuerst Schaufeln aufgeladen werden und danach Menschen. Ein paar Minuten später verschwinden die Wagen. Als sie nach einigen Stunden zurückkommen, werden nur noch die Schaufeln abgeladen. Dann wird es ruhig. In der Zelle im Parterre sagt niemand ein Wort. Alle wissen, daß sie ihre Kameraden nicht wiedersehen werden.

Die nächsten Tage vergehen in quälender Ungewißheit. Immer wieder werden Mitgefangene zum Verhör abgeholt. Und diejenigen, die in ihre Zelle zurückkehren, geben ein Bild des Jammers ab. Mit blutdurchtränktem Hemd und zerschlagenem Rücken kriechen sie auf ihre Pritschen. Doch noch ist Jurek nicht an der Reihe.

Erst nach fünf bis sieben Tagen erscheint ein Zivilist vormittags in der Zelle und fragt nach einem »Jerzy Bielecki«. »Jetzt kommst du mit zur Gestapo«, sagt der Mann süffisant in einem fließenden Polnisch, dessen harter Akzent ihn als Schlesier ausweist, »und mach keine Mätzchen! Meine Pistole hat zehn Schuß.« Drohend öffnet er die Jacke und legt den Knauf seiner Waffe frei.

Dann treibt er sein Opfer durch ein paar Nebenstraßen ins Gestapoquartier. Jurek landet in einer fensterlosen Dunkelzelle, die so schmal ist, daß er sich kaum rühren kann. Als er nach zwanzig Minuten naßgeschwitzt herausgezerrt wird, schmerzen seine Augen vom Tageslicht.

»Los, komm näher!« befiehlt ein adretter Deutscher in geschniegelter Uniform. Genüßlich spielt er mit seiner Zigarette und räkelt sich hinter dem Schreibtisch. »Wer hat dich nach Ungarn geschickt?« will er wissen. Neben dem Gestapomann steht der servile Schlesier und wiederholt auf polnisch die Frage. »Niemand hat mich geschickt«, lautet die verabredete Antwort, »wir sind nur auf der Suche nach Arbeit.«

Nach der Übersetzung steht der Nazi schweigend auf und

schlägt Jurek mit der Faust ins Gesicht, daß dem Blut aus der Nase über den Mund rinnt. Er setzt sich wieder und fragt noch einmal, diesmal lauter: »Wer hat dich nach Ungarn geschickt?«

Bielecki beharrt: »Niemand, wir suchen lediglich Arbeit im Steinbruch hier in der Nähe. Unsere Familien haben nicht genug zu essen, und wo wir herkommen, gibt es keine Arbeit.«

»Hans, hol den Knüppel aus der Ecke«, fordert der Gestapomann daraufhin den Schlesier auf und wendet sich wieder Jurek zu: »Ich frage dich jetzt zum letzten Mal.«

Von seinem erschöpften Gegenüber kommt nun schon keine Antwort mehr. Da erhebt sich der Mann schwerfällig von seinem Stuhl, kommt um den Schreibtisch herum, bis er direkt vor Jurek steht, und schlägt zu. Immer wieder. Zuerst auf den Rücken, dann auf den Kopf, erneut auf den Rücken. Bestimmt zehnmal geht das so, dann brüllt er: »Du Schwein, stell dich an die Wand!« Bielecki gehorcht. »Vor dieser Wand sind schon einige für immer liegengeblieben.« Der Deutsche zieht die Pistole und setzt sie seinem Opfer an die Schläfe. »Ich zähle jetzt bis drei, dann ist mit dir Schluß.« Ganz langsam zählt er. Zwischen »eins« und »zwei« vergehen bestimmt zehn Sekunden. »Jetzt hast du eine allerletzte Gelegenheit.« Bei »drei« schlägt er Jurek mit voller Wucht den Pistolenknauf an die Schläfe. Der denkt im ersten Augenblick, der Mann habe wirklich geschossen, dann fühlt er den Schmerz, taumelt und schreit: »Herr Offizier, ich habe nur die Wahrheit gesagt. Ich bin zu jung zum Sterben.«

Kommentarlos steckt der Gestapomann seine Pistole wieder in die Tasche, kehrt zum Schreibtisch zurück und tippt irgend etwas in seine Maschine: Nach wenigen Minuten reicht er dem Verprügelten einen Zettel und einen Feder-

halter. Jurek unterschreibt, ohne gelesen zu haben. Das Verhör ist beendet.
Draußen auf dem Flur meint Hans, der Schlesier: »Mein Lieber, da hast du aber Glück gehabt, daß du einem so guten Menschen begegnet bist.«
Jurek kann kaum laufen. Der Rücken brennt. So wund ist er geschlagen, daß sein Hemd an der Haut klebt.
Im Kerker in der Nähe des Rathauses ist die Zelle leer; alle sind beim Hofgang. Als Jurek aus dem Fenster blickt, sieht er zum ersten Mal seit Tagen die Kameraden Staszek und Józef. Sie gehen mit den anderen im Kreis.

Im Mai 1940 macht Heydrichs »Sicherheitspolizei« auch in Sanok Jagd auf ihre Gegner. Oft reicht es aus, männlich, jung und gebildet zu sein, um in Nazihaft genommen zu werden. Eines Morgens erwischt es auch Tadeusz Srogi, dessen Leichtsinn darin bestanden hat, sich auf der Straße der Kleinstadt blicken zu lassen. Der Neunzehnjährige wird aufgegriffen und landet mit anderen Jugendlichen im Arrest auf der örtlichen Polizeistation. Sein Vergehen: Der Junge hat gerade das Abitur gemacht und plant, an der Technischen Hochschule Mathematik und Physik zu studieren. Er stelle eine Gefährdung für den Staat dar, erklärt ihm ein Deutscher bei der Vernehmung. Darum müsse er unschädlich gemacht werden.
Der »Führer«, berichtet zur gleichen Zeit der in der ehemaligen polnischen Königsresidenz Wawel hofhaltende Generalgouverneur Hans Frank stolz seinen Leuten, habe ihm in einem Gespräch jene Weisung gegeben, der in diesen Tagen einige tausend Polen zum Opfer fallen: »Was wir jetzt an Führerschicht in Polen festgestellt haben, das ist zu liquidieren, was wieder nachwächst, ist von uns sicherzustellen und in einem entsprechenden Zeitraum wieder wegzuschaffen.«

Wenige Tage später fährt ein Lastwagen vor dem Gefängnis in Sanok vor und karrt den Abiturienten Tadeusz mit ein paar anderen Häftlingen ins größere Gefängnis der Stadt Tarnów.

Während die deutsche Wehrmacht am 10. Mai mit dem Angriff auf Frankreich, Luxemburg, Belgien und die Niederlande den Krieg nun auch auf Westeuropa ausdehnt, verwandelt sich in Oberschlesien die aus zwanzig roten Backsteinbauten bestehende polnische Artilleriekaserne Oświęcim in das deutsche Konzentrationslager Auschwitz. Zehntausend Häftlinge, kündigt Himmler an, sollen hier innerhalb kürzester Zeit interniert werden. Zu einem späteren Zeitpunkt könne sich diese Zahl dann auf fünfzigtausend oder mehr erhöhen.
Noch im selben Monat erscheint SS-Scharführer Gerhard Palitzsch mit dreißig Häftlingen aus dem Konzentrationslager Sachsenhausen – es sind Deutsche, die wegen krimineller Delikte verurteilt worden sind und nach der Naziterminologie als »Berufsverbrecher« geführt werden. Palitzsch erhält im Lager den Status des Rapportführers, und den Strafgefangenen werden Funktionen in der sogenannten »Häftlingsverwaltung« zugewiesen. Bald werden die meisten von ihnen als »Kapos« die ihnen unterstellten Häftlinge schikanieren und sich zu Komplizen der SS-Wachmannschaften machen. Die »Häftlingsnummer 1« erhält als Lagerältester Bruno Brodniewitsch, ein, wie sich der Häftling Wiesław Kielar Jahre später erinnern wird, breitschultriger und dunkelhäutiger Mann »mit dem Gesicht eines Räubers«, der für seine Brutalität bekannt ist.
Doch zunächst müssen in dem modrigen Gelände die Voraussetzungen für ein Lager erst geschaffen werden, wie es in seiner vorgesehenen Dimension weder im »Reich« selbst

noch in den besetzten Gebieten existiert. In Oświęcim zwingt Bürgermeister Grünweller deshalb die lokale jüdische Gemeinde, dreihundert Juden für den Frondienst im Lager zur Verfügung zu stellen. Unter der Knute der Wachleute bereiten sie das Konzentrationslager für die ersten Häftlinge vor. Sie müssen jeden Weg im Laufschritt zurücklegen. Wer dabei stolpert, wird von SS-Männern geschlagen. Nicht selten werden ein Dutzend oder mehr der zur Arbeit gezwungenen Juden abends von stärkeren Leidensgenossen nach Hause getragen, weil sie erschöpft sind und nicht mehr gehen können.

Drei Wochen verbringt Jerzy Bielecki im Gefängnis von Nowy Sącz. Dann wird auch er nach Tarnów überstellt. Wenigstens hat die Zeit blutiger Verhöre ein Ende. Diejenigen, die jetzt hier im pompösen Vorkriegsgefängnisbau von Tarnów einsitzen, haben allesamt »gestanden«. Aus den verschiedensten Gefängnissen der Umgebung sind sie hierhergebracht und in Tarnów konzentriert worden: aus dem Knast von Sanok, dem Montelupich-Gefängnis in Krakau, dem »Schloß Rzeszów«, dem »Palace« in Zakopane oder den Haftanstalten in Jarosław, Przemyśl und Nowy Sącz. Viele sind Mitglieder der polnischen Intelligenz, und viele sind, wie Jerzy Bielecki, bei dem Versuch, über die Westkarpaten nach Ungarn zu gelangen, von den Deutschen festgenommen worden. Viele der Schicksale ähneln sich; die Gründe für die Inhaftierung auch. Er habe »Greuelnachrichten« des britischen Senders BBC verbreitet, werfen die Nazis dem erst sechzehnjährigen Häftling Fryderyk Czop vor und sperren ihn ein. Andere hätten Sabotage geplant, antideutsche Propaganda betrieben oder erst noch vor, zu den Waffen zu greifen und gegen die großdeutschen Besatzer zu kämpfen.

Doch auch wenn die Häftlinge jetzt in Ruhe gelassen werden – die Zustände in Tarnów sind erbärmlich. Unter katastrophalen hygienischen Bedingungen vegetieren die Häftlinge in ihren Zellen dahin, geplagt von der Ungewißheit über das weitere Schicksal, Hunger leidend und der Möglichkeit beraubt, Briefe an Freunde oder Angehörige zu schreiben. Die Fenster sind mit Holzkisten verdeckt. Auf die Gefangenen, die versuchen, dennoch einen Blick auf die Straße zu werfen, schießen ukrainische SS-Freiwillige, die um den Bau herum postiert sind.
Tadeusz Srogi, der sich »Filip« nennt, sitzt mit drei anderen Häftlingen in einer kleinen Zelle im dritten Stock. Aus Trotz singen die Katholiken religiöse Lieder. Manchmal schaffen sie es, sich mit den Zellennachbarn von gegenüber per Klopfzeichen zu verständigen. Nach einer Weile gelingt es ihnen sogar, schriftliche Botschaften auszutauschen. Nachts wandern engbeschriebene Papierfetzen, sogenannte »Pferde«, an dünnen Fäden gezogen die Mauern entlang in andere Zellen. Auf diesem Wege dringen wenigstens Informationen über die Geschehnisse draußen in die Kerkerwelt. Doch die Nachrichten sind entmutigend: Belgien, Holland, Dänemark sind besetzt. In Nordnorwegen versucht ein Häuflein alliierter Soldaten verzweifelt, den eisfreien Atlantikhafen Narvik zu verteidigen. Im Westen marschiert die Wehrmacht unerwartet zügig Richtung Paris. Und in Polen wüten derweil die Einsatzgruppen mit unverminderter Härte. Die Nazideutschen fühlen sich als Herren und gerieren sich auch so. »Mein Verhältnis zu den Polen ist dabei das Verhältnis zwischen Ameise und Blattlaus. Wenn ich den Polen förderlich behandle, ihn sozusagen freundlich kitzele, so tue ich das in der Erwartung, daß mir seine Arbeitsleistung zugute kommt.« Das sagt Jurist Hans Frank, der »Generalgouverneur«, auf einer Regierungssitzung, wäh-

rend seine Gattin Brigitte gleich einer Monarchin samt Chauffeur und Lakaien durch die neugeschaffenen Judengettos des besetzten Gebiets reist, um günstig Pelze aufzukaufen, und angesichts der bestehenden Verhältnisse unklar bleibt, was Hitlers Statthalter Frank darunter versteht, die Polen »förderlich« zu behandeln.
Alles scheint in diesen Tagen vergebens.
Was erwartet nun die Häftlinge in Tarnów? Einige hoffen darauf, freigelassen zu werden – denn was wollten die Nazis ihnen schon nachweisen? Die meisten konnten keiner Vergehen überführt werden; auch Jerzy Bielecki hat mit keiner Silbe erwähnt, daß er sich dem polnischen Widerstand anzuschließen gedachte. Andere jedoch sind pessimistischer: Sie rechnen mit ihrer Verschickung ins Deutsche Reich zur Zwangsarbeit.

Während die Häftlinge in Tarnów noch auf eine bessere Behandlung hoffen, wird am 10. Juni 1940 bei der Firma J. A. Topf und Söhne in Erfurt, einem feuerungstechnischen Baugeschäft mit angeschlossener Maschinenfabrik, der Entwurf eines mit Koks beheizten Einäscherungsofens angefertigt. Das bestellte Modell trägt die Bezeichnung D-57253. Zwei Brennstellen sollen – wie vom Auftraggeber, dem »Hauptamt Haushalt und Bauten der SS«, gefordert – die schnelle Beseitigung von Leichen ermöglichen. Vorgesehener Einsatzort des sogenannten Doppelmuffel-Einäscherungsofens ist ein erst im Entstehen begriffenes Konzentrationslager in Ostoberschlesien: Auschwitz.

Am Abend des 13. Juni 1940 werden die Häftlinge im Gefängnis von Tarnów unter Gebrüll und Schlägen zusammengetrieben. Die Zeit des Wartens scheint vorüber zu sein. Endlich. Alle räumen ihre Zellen und versammeln sich unten vor dem Tor.

Danach werden sie von deutschen Polizisten zur städtischen Badeanstalt eskortiert, desinfiziert und mit einem Lebensmittelpaket ausgestattet: Die meisten der Gefangenen sind jung, zwischen siebzehn und zweiundzwanzig Jahre alt – Gymnasiasten oder Studenten. Unter den älteren befinden sich polnische Soldaten, Arbeiter, Juristen und Priester. Auch einige Juden sind in der Gruppe.

Die folgende Nacht müssen sie in der Badeanstalt verbringen. Danach, so hoffen die Internierten, die Desinfektion und Lebensmittelausgabe als gute Zeichen interpretieren, würden sie in die Freiheit entlassen. Einige mittels kooperativer Gefängnisaufseher über die bevorstehende Freilassung informierte Angehörige haben sich auf den Weg nach Tarnów gemacht.

Zunächst beginnt der Morgen vielversprechend. »So ein reichhaltiges Frühstück hat es in Tarnów noch nicht gegeben«, registriert Tadeusz Srogi. Doch ab fünf Uhr morgens hallen schon wieder deutsche Kommandos durch das Bad. Wenig später stehen 728 Häftlinge in Hundert-Mann-Gruppen vor der städtischen Einrichtung und warten auf ihren Abtransport.

Die Straßen sind menschenleer. Wer zuvor versucht hat, Kontakt zu den Gefangenen aufzunehmen, ist von den

Tarnów, 14. Juni 1940: der erste Transport polnischer Zivilisten nach Auschwitz

Deutschen in Hauseingänge und Toreinfahrten gejagt worden. Jetzt sind nur noch die Kolonnen der Verstörten und ihre uniformierten Peiniger zu sehen. Dann setzt sich der Zug in Bewegung. Stumm. Nur die schwerbewaffneten Deutschen brüllen irgendwelche Befehle.

Jerzy Bielecki hat das Gefühl, er gehe durch »das Reich der Toten«, so verlassen und deprimierend wirkt Tarnów auf die Männer: »Als sei die Stadt vom Terror betäubt.« Ab und zu taucht ein Gesicht hinter einer Gardine auf. Dann schießen die SS-Schergen auf die Fenster. Ein Strauß roter Blumen fällt auf die Straße und wird von Gendarmenstiefeln achtlos zertreten. Zuweilen nimmt Bielecki das Klagen weinender Menschen wahr. Sie verabschieden sich von ihren Liebsten, die zum Bahnhof marschieren.

»Ihr werdet zur Zwangsarbeit ins Reich geschickt«, erzählt ein Aufseher dem jungen Fryderyk Czop. »Also nach

Deutschland«, verbreitet sich die Nachricht durch die Reihen. »Hätte es schlimmer kommen können?« Die zum Teil seit Monaten eingekerkerten und geprügelten Männer fügen sich in ihr Schicksal. Sie sind den Deutschen ohnehin ausgeliefert. Nach Wochen der Qualen schwindet allmählich der Widerstandsgeist. »Und vielleicht ist die Behandlung in Deutschland ja etwas besser als hier in Polen.«
Jerzy Bielecki glaubt, er werde jetzt nach Schlesien zum Arbeitseinsatz gebracht.
An der Bahnstation steht schon ein Personenzug bereit. Kurz darauf drängen sich die Häftlinge in den Abteilen – manchmal zwölf bis fünfzehn in einem engen Raum; die Gänge sind das Revier der Bewaffneten. Gegen neun Uhr setzt sich der Zug endlich Richtung Krakau in Bewegung. »Niemand steht während der Fahrt auf! Wer zu flüchten versucht oder Unruhe anzettelt, wird erschossen«, drohen die Wachleute. Dann geht es vorbei an noch grünen Kornfeldern, Dörfern und kleineren Städten nach Westen. Ahnungslos winken Bauern auf den Feldern dem Zug fröhlich zu. Der 14. Juni ist ein sonniger Frühsommertag.
In Krakau dann ein erster Halt. Der Bahnhof bietet einen seltsamen Anblick, er ist über und über mit Hakenkreuzfahnen dekoriert, und die Häftlinge machen SS-Männer und Wehrmachtssoldaten aus, die freudetrunken Salutschüsse in die Luft knallen. »Paris ist genommen«, brüllen sie. »Paris kapituliert.« Aus den Lautsprechern werden keine Bahnverbindungen angekündigt, aus ihnen dröhnen deutsche Märsche, und es hyperventiliert die Stimme des erregten »Führers«. Mit lähmendem Entsetzen verfolgen die 728 in den Waggons die Szenerie. Noch immer haben sie keinen blassen Schimmer, was sie erwartet, und draußen feiern die Faschisten ihre Siege.
Dann geht es weiter.

Als der Zug in der Ortschaft Trzebinia nach links, in Richtung Chrzanów, umgeleitet wird, kriecht langsam Angst in die Abteile. Der Zug hat seinen Kurs geändert. Jetzt fährt er nicht mehr in die erwartete Richtung. Kann es sein, daß die Unglücklichen doch nicht zur Arbeit nach Deutschland gebracht werden sollen? Hinter Chrzanów halten die Wagen. Jerzy Bielecki wirft einen Blick durch die mit Kalk beschmierten Scheiben. Undeutlich ist ein Ortsschild zu erkennen. »Auschwitz – Oświęcim« steht dort zweisprachig. Niemand ahnt, was das bedeuten soll. Für Bielecki ist es ein Ortsname wie viele andere auch.

Fünfzehn Minuten lang steht der Zug in Oświęcim, dann fährt er ruckend vielleicht noch weitere drei, vier Kilometer und kommt endlich zum Stehen.

Den Häftlingen bietet sich ein trauriger Anblick: »Auf der einen Seite des Geleises abgebrannte lange Holzschuppen oder Lager mit Pappdächern, mit Gras, Disteln und Büschen verwachsen, auf der anderen hohe Gebäude mit ausgeschlagenen Fensterscheiben, wüst und leer.« Es sind die Gebäude, in denen das polnische Tabakmonopol vor dem Krieg Zigaretten lagerte. Nun hat sich der düstere Komplex in ein bizarr anmutendes Gefangenenlager verwandelt. Ein Haus ist mit Stacheldraht umzäunt. An den Ecken stehen Wachhäuschen und längs der Gleise SS-Männer mit Maschinenpistolen.

Am Weg, der auf das eingezäunte Gelände führt, glauben die noch im Zug Verharrenden deutsche Matrosen auszumachen: dreißig Männer in blauweiß gestreiften Hosen mit blauen Jacken und blauen Mützen. Den Häftling Wiesław Kielar erinnert die seltsame Kleidung der »finsteren, großen Kerle ... an gestreifte Pyjamas«. In den Händen halten sie schwere Knüppel.

Den Zug beobachten auch vierzig polnische Häftlinge, die

beim Bau des Lagerzauns eingesetzt worden sind und nun zurück ins Konzentrationslager Dachau geschickt werden sollen. Etwas neidvoll blicken sie zu ihren Landsleuten, die nicht ins Reichsinnere deportiert werden und von denen sie in Auschwitz Hilfe hätten erwarten können. Es gebe keinen Grund, die Abreise zu bedauern, erklärt ihnen SS-Unterscharführer Beck in knappen Worten; dieses Lager werde die Hölle auf Erden sein.

Jurek fällt aus dem Waggon. In der Enge der überbelegten Abteile sind ihm während der stundenlangen Fahrt die Beine eingeschlafen. Jetzt fehlt ihm die Kraft, sich aufrecht zu halten. Er sinkt auf die Knie. Mühsam versuchen die Häftlinge, in einer Reihe zu stehen. Um sie herum stolzieren uniformierte SS-Männer, deren Mützen Totenköpfe schmücken. Dazwischen die »Matrosen«, welche die Gefangenen sehr bald als die in der Lagerwelt Kapos genannten Kriminellen aus Sachsenhausen kennenlernen werden.

Einhundertfünfzig Mann werden aus Jureks Waggon gezählt und von einem Wachmann gemeldet. »Nur los, ins Lager rein!« ruft ein SS-Mann, und schon werden sie durch das Spalier der Kapos getrieben. Im Laufschritt hetzen sie durch die engen Reihen, die Köpfe so gut es geht zwischen den Schultern eingezogen. Und doch treffen immer wieder die Knüppel. Auf dem Weg entsteht Gedränge. Bielecki fällt hin. Rafft sich auf. Erneut prügeln die Deutschen auf ihn ein. Er fällt ein zweites Mal, schlägt mit dem Gesicht auf. An den Händen ist die Haut abgeschürft. Ein Knie aufgerissen. Irgendwie kommt er schließlich doch bei der Lagerpforte an.

Dann müssen sich alle in Fünferreihen zum Appell aufstellen. Wer nicht geradesteht, wird geschlagen. Später werden wahllos alle geprügelt, Wachmannschaften und Kapos dreschen gemeinsam drauflos: in die Gesichter und auf die

Köpfe, auf Rücken und Arme. Sie treten in Bäuche, auf Nieren und gegen Schienbeine. Genüßlich und aufreizend langsam schlendern sie immer wieder durch die Reihen ihrer mittlerweile blutenden und sich krümmenden Opfer und halten Ausschau. Dann legen sie erneut los. Vor Bielecki steht ein alter Mann. Blut rinnt ihm durch das graue Haar hindurch über das Gesicht.

Nach einer Weile hören die Deutschen schließlich auf – »Das Ganze stillgestanden! Mützen ab! Augen rechts!« –, damit SS-Hauptsturmführer Karl Fritzsch eine kleine Ansprache halten kann. »Ihr seid hier nicht ins Sanatorium, sondern in ein deutsches Konzentrationslager gekommen, aus dem es keinen anderen Ausgang gibt als durch den Schornstein des Krematoriums«, belehrt er die Häftlinge. »Wem das nicht gefällt, der kann sofort in den Draht gehen. Sind Juden im Transport dabei, dann haben sie das Recht, höchstens zwei Wochen zu leben, die Priester einen Monat, die übrigen drei Monate.«

In diesem Moment wird Jerzy Bielecki klar: »Ich bin auf dem Boden der Hölle gelandet.«

Danach werden ihm alle persönlichen Gegenstände, auch Nahrungsmittel, abgenommen, und er wird in die Kellerräume des Monopolgebäudes zum Baden und zur Desinfektion getrieben. Allen Häftlingen werden die Haare geschoren, dann müssen sie sich draußen aufstellen.

An sieben Tischen sitzen die Kapos in der Sonne und numerieren ihre Opfer durch, fragen nach Name und Beruf und geben Befehle in einer Sprache, die die wenigsten verstehen. Wieder sind Schläge und wüste Schreie die Folge, die einen Häftling an das »Gebrüll wilder Tiere« erinnern. Alle rennen im Hof umher, »ganz verwirrt, eingeschüchtert, ohne begreifen zu können, was mit uns los ist und was von uns gefordert wird«. Selbst die paar, die mit der deutschen Spra-

„Interessengebiet“ Konzentrationslager Auschwitz

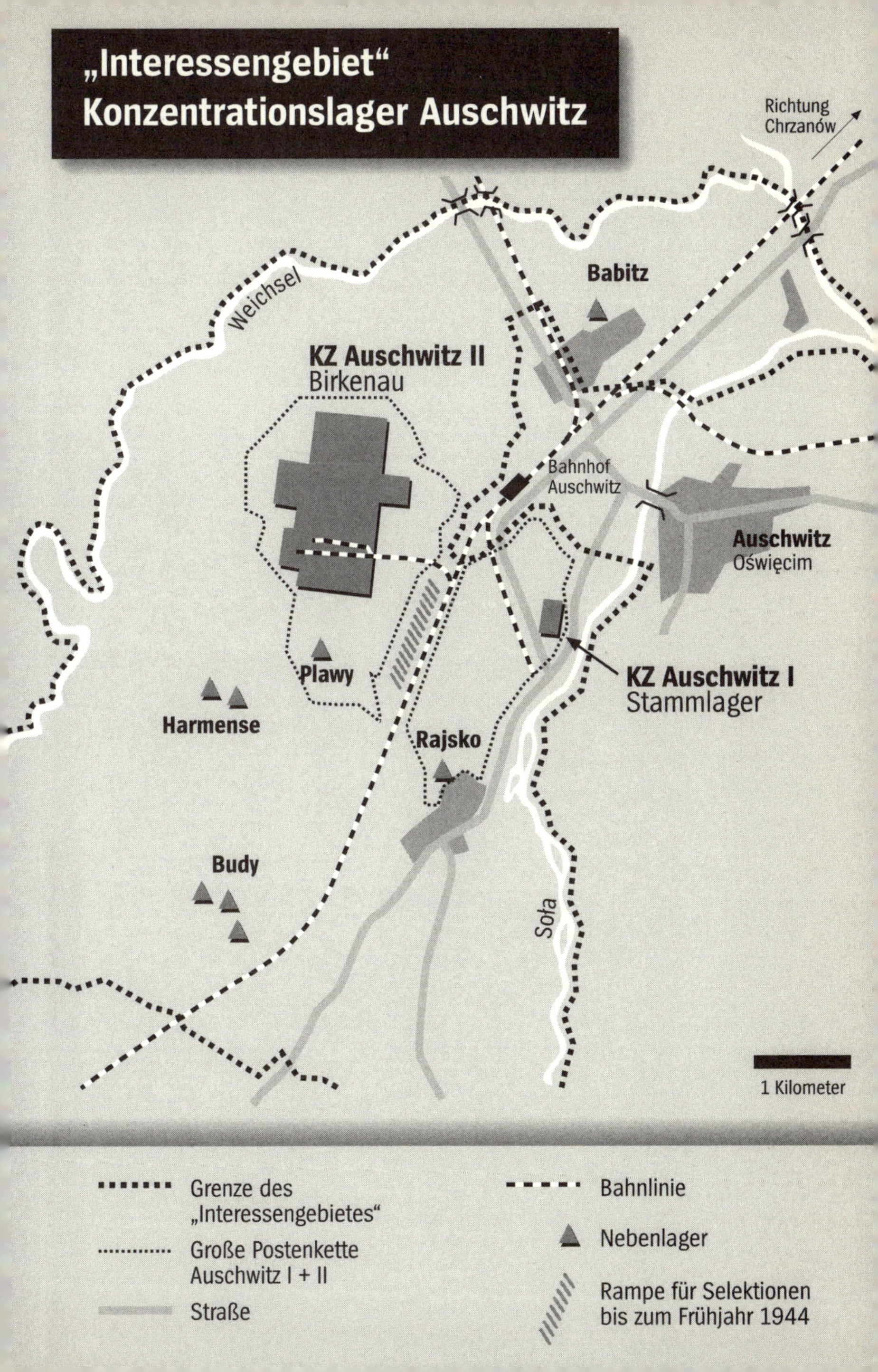

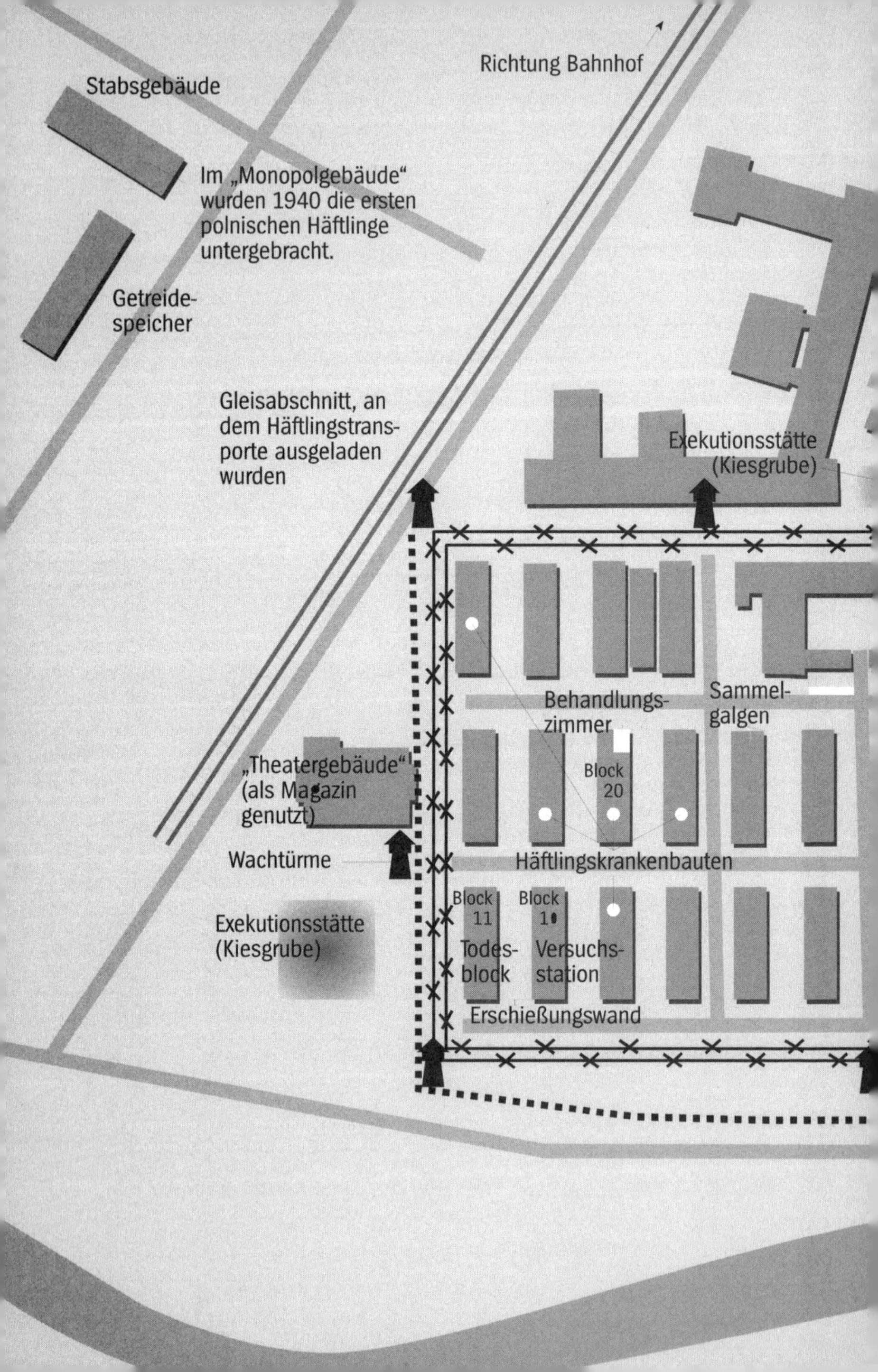
Richtung Bahnhof
Stabsgebäude
Im „Monopolgebäude“ wurden 1940 die ersten polnischen Häftlinge untergebracht.
Getreide-speicher
Gleisabschnitt, an dem Häftlingstransporte ausgeladen wurden
Exekutionsstätte (Kiesgrube)
Behandlungs-zimmer
Sammel-galgen
„Theatergebäude“ (als Magazin genutzt)
Block 20
Wachtürme
Häftlingskrankenbauten
Block 11
Block 10
Todes-block
Versuchs-station
Exekutionsstätte (Kiesgrube)
Erschießungswand

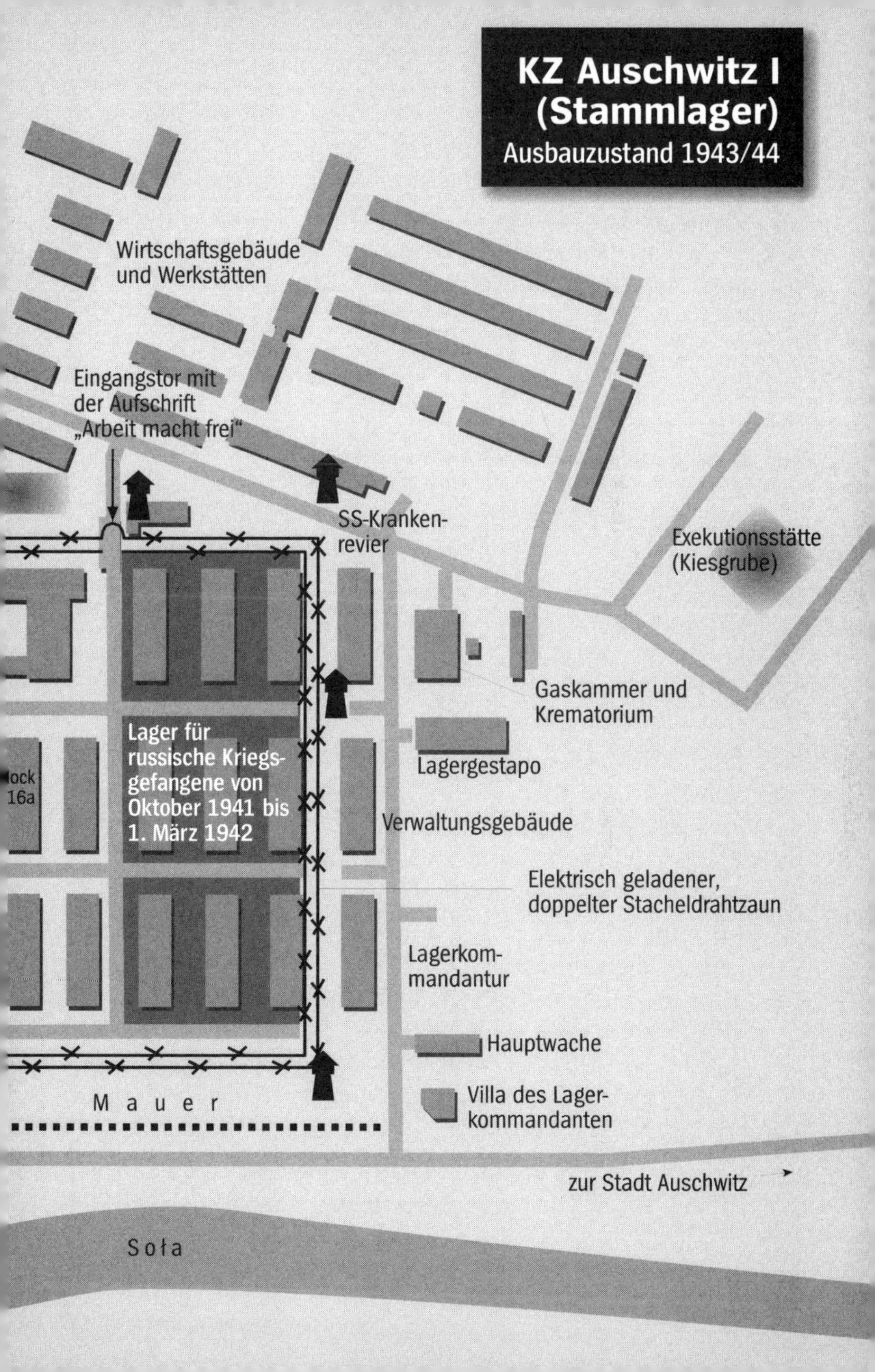

KZ Auschwitz I
(Stammlager)
Ausbauzustand 1943/44
Wirtschaftsgebäude
und Werkstätten
Eingangstor mit
der Aufschrift
„Arbeit macht frei"
SS-Kranken-
revier
Exekutionsstätte
(Kiesgrube)
Gaskammer und
Krematorium
Lager für
russische Kriegs-
gefangene von
Oktober 1941 bis
1. März 1942
Lagergestapo
lock
16a
Verwaltungsgebäude
Elektrisch geladener,
doppelter Stacheldrahtzaun
Lagerkom-
mandantur
Hauptwache
Villa des Lager-
kommandanten
M a u e r
zur Stadt Auschwitz
Soła

che vertraut sind, können in dem Lärm kaum ein Wort unterscheiden. Zweimal muß Bielecki aufgerufen werden, er versteht die ungewöhnliche deutsche Intonation nicht, dann nähert sich drohend ein SS-Mann mit einem Stock in der Rechten – Jerzy Bielecki begreift. Jetzt verwandelt auch er sich in eine Nummer.

»243« steht auf einem kleinen Pappschildchen, das ihm in die Hand gedrückt wird. Seinen Namen verliert er mit der Zahl auf dem Zettel.

Gegen Abend wird den Gedemütigten ein wenig Ruhe gegönnt. Doch dann geht es auch schon weiter. Kapo Nummer eins, der »brutale Bruno«, befiehlt, alle hätten sich jetzt sofort in das Gebäude zur Nachtruhe zu begeben. Eine Weisung, der sofort Folge zu leisten ist. Schon prügeln Kapos auf die Langsamen ein, so daß alle 728 Männer in Panik durch die schmale Tür drängen. Tumult entsteht, Gedränge. Von hinten wird gedrückt, von der Seite und von oben setzt es Hiebe. Menschen fallen übereinander, trampeln sich fast bewußtlos, straucheln über am Boden liegende Körper. Zwischen den Türrahmen entsteht ein Pfropfen, »so daß die Knochen krachen«, wie sich der ehemalige Häftling Wiesław Kielar (Nummer 290) erinnert. Diejenigen, die es geschafft haben, werden in den Raum geschleudert. Im Korridor wartet bereits ein weiterer Kapo, um die Häftlinge in Empfang zu nehmen. Mal hält er den Knüppel, mit dem er sie schlägt, in der rechten, mal in der linken Hand. Dann fallen die Erschöpften auf das Stroh, das den harten Betonboden bedeckt. Nun machen Bruno und ein SS-Mann die Runde. »Pfeifchen« nennen sie ihn, weil er sein Rauchgerät, selbst wenn er redet, nicht aus dem Mund zu nehmen pflegt. Zunächst macht er einen ruhigen Eindruck. »Hinlegen!« befiehlt er sanft den in Habachtstellung Verharrenden. Alle gehen hastig zu Boden. Dann energischer: »Auf!« Alle springen »wie dressierte Tiere«, so Tadeusz Niedzielski (Nummer 423), in die Höhe. Jetzt brüllt er: »Hinlegen!« Und wieder: »Auf – hinlegen – auf – hinlegen – auf.« Jerzy Bielecki ringt nach Luft. Das Stroh am Boden hat sich im ganzen Raum verteilt, dringt in Nasen und Münder. In dem stickigen Gebäude ist schon kaum noch der Nachbar auszumachen, und doch haben die Kommandos kein Ende. »Auf – hinlegen – auf.« Nach einer Weile verschwinden die beiden. Erleichterung macht sich breit. Jemand versucht ein Fenster zu öffnen. Gewehrsalven knattern gegen das Mauerwerk. »Fenster zu!« brüllt ein Wachmann. Irgendwann ist Ruhe.

Am nächsten Morgen wird die Quälerei fortgesetzt. Jetzt beginnt die Zeit der »Quarantäne«. Kaum eine freie Minute gönnen die Deutschen ihren »Schutzhäftlingen«. Und ihr makabrer Einfallsreichtum ist schwer zu übertreffen. Mal müssen die Gefangenen durch den Staub kriechen, mal hüpfen oder den »Bärengang« üben, bei dem sie gezwungen werden, während des Gehens ihre Knöchel zu umfassen. Ein Jude wird unter schallendem Gelächter auf eine Tonne gestellt und muß laut beten. Später kommt zur Belustigung ein polnischer Priester an die Reihe. Dann machen alle Kniebeugen. Wenig später singen sie.

Im Wald, im grünen Walde,
Da steht ein Förstershaus,
Da schauet jeden Morgen,
So frisch und frei von Sorgen,
Des Försters Töchterlein heraus,
Ta-ra-la-la, ta-ra-la-la,
Des Försters Töchterlein heraus.

Lore, Lore, Lore, Lore,
Schön sind die Mädchen,
Von siebzehn, achtzehn Jahr.
Lore, Lore, Lore, Lore,
Schöne Mädchen gibt es überall;
Und kommt der Frühling in das Tal,
Grüß mir die Lore noch einmal,
Ade, ade, ade.

Jerzy Bielecki, der auf dem Gymnasium einige Jahre Deutsch gelernt hat, kann mit Mühe den Anweisungen folgen. Doch die meisten anderen sind mit dem Singen eines deutschen Liedes überfordert. Hämisch patrouillieren die SS-Leute, amüsiert vom kläglichen Anblick, den die Häftlinge abgeben, durch die Reihen und schlagen zu, wenn jemand einen Fehler macht. »Wenn das so weitergeht, überleben wir hier nicht lange«, denkt Jurek und singt.

Der Förster und die Tochter,
Die schossen beide gut,
Der Förster schoß das Hirschlein,
Die Tochter traf das Bürschlein,
Tief in das junge Herz hinein,
Ta-ra-la-la, ta-ra-la-la,
Tief in das junge Herz hinein.

Mal muß der traurige Haufen vor den Augen der Nazis tanzen, sich dann wieder im Dreck rollen. »Sport« heißt dieses Programm. Später, zur Abwechslung, klettern alle unter deutschen Kommandos auf Bäume, erneut geprügelt von den unermüdlichen Kapos und gehetzt von den Hunden der SS. Verzweifelt kämpfen sie um den Platz auf einem Ast, treten sich aus Angst vor den unten lauernden Folter-

knechten gegenseitig zu Boden, zerren aneinander, kratzen und schlagen mit den Fäusten um sich.
Dann werden sie, als sei das alles nicht genug, genötigt, das von der Sonne versengte Gras auf dem Exerzierplatz wie Kühe auf einer Weide mit den Zähnen zu rupfen. Die Kapos biegen sich vor Lachen. »Übungsleiter« der sadistischen Spiele ist SS-Oberscharführer Ludwig Plagge, das »Pfeifchen«. Zufrieden ob seiner guten Idee steht er im Schatten eines Baums und pfeift dazu vergnügt Arien. Seine blankgeputzten gelbbraunen Stiefel wippen, die Melodie begleitend, rhythmisch im Takt.

In Łomża wie in den meisten Orten im Osten Polens hat die jüdische Bevölkerung die einrückenden Rotarmisten wie Befreier begrüßt. Sie scheinen Schutz vor den deutschen Antisemiten zu garantieren; auch ist der Anteil an kommunistisch gesinnten Sympathisanten unter den Juden höher als in den anderen Bevölkerungsgruppen. Zudem haben sie zum Teil am eigenen Leib erfahren, wie die Nazis mit den Juden verfahren – dort, wo den Deutschen Gelegenheit gegeben worden ist, zu wüten, bevor sie sich wieder in ihren mit Stalin ausgehandelten Teil zurückgezogen haben, ist es immer wieder zu Pogromen an den Juden gekommen, oft allzu bereitwillig unterstützt von der einheimischen – polnischen, weißrussischen oder ukrainischen – Bevölkerung. So sind die Sowjetsoldaten, die verkünden, sie befreiten nun »Westweißrußland und die Westukraine« von der »faschistischen polnischen Besatzung«, auf den Straßen teilweise sogar mit Blumen und, wie es die Gastfreundschaft vorschreibt, mit Brot und Salz empfangen worden.
Doch langsam verbreiten die Männer mit dem roten Stern auch Unbehagen. Die Truppen, die in die westukrainischen und weißrussischen polnischen Landesteile einrücken, geben ein Bild des Jammers ab. »Abgetragene Uniformen, schmutzige Mäntel, Hände und Gesichter« fallen einem zehnjährigen polnischen Jungen in Lemberg auf – Menschen, die ihre »Gesichter in Pfützen waschen«, »Zigaretten mit Papierfetzen drehen« und teils barfuß, teils mit um die Füße gewickelten Lappen durch die ostpolnischen Orte marschieren. Besonders in den Teilen, die vorher von den

Deutschen eingenommen worden sind, ist der Kontrast zwischen der gut organisierten und ausgerüsteten Wehrmacht und der einen chaotischen Eindruck hinterlassenden Roten Armee kaum zu übersehen.

»Wir warteten auf sie, um sie nach ihren Eindrücken über das Leben unter dem Kapitalismus zu befragen und uns über das Leben in Rußland erzählen zu lassen«, wundert sich die junge jüdische Kommunistin Celina Koninska, »aber alles, was sie interessierte, war, eine Uhr zu kaufen.« Doch es ist nicht nur der oft klägliche Anblick der »Verteidiger der Freiheit«, der Unbehagen verbreitet. Gerade in den ukrainischen Provinzen des Landes wird die Anwesenheit der neuen Besatzer aus dem Osten als Signal verstanden, sich endlich an den ungeliebten Polen zu rächen, die ja erst nach dem Krieg mit Sowjetrußland im Frieden von Riga 1921 diese Erweiterung nach Osten erstritten hatten.

Ethnischer Haß bricht sich Bahn. Immer häufiger strömen aus den ukrainischen Dörfern Nationalisten, die zuvor die Rotarmisten mit gelbblauen Fahnen begrüßt haben, und verbreiten in den größeren Städten Angst und Schrecken. Tausende werden zum Teil auf offener Straße ermordet. Und ausgerechnet die Freiheit verkündenden kommunistischen Propagandisten unterstützen die Pogrome. Auf Flugblättern wird dazu aufgerufen, mit allen verfügbaren Mitteln – Sensen, Äxten oder Heugabeln – gegen polnische Kapitalisten, Großgrundbesitzer und Offiziere vorzugehen. »Polakam, panam, sobakam – sobatschaja smert« steht auf einem Flugblatt, das in dem Ort Molodeczno verteilt wird – »Alle Polen, feine Herren und Hunde – sollen wie räudige Hunde sterben«. Und im Dorf Horodziej in der Wojwodschaft Nowogród klettert »Kommissar Danilow« auf ein Podest und verkündet der Bevölkerung, die sich auf dem Marktplatz versammelt hat: »Wenn nur einer von euch Wut auf jemanden anders hat, so kann er mit ihm machen, was er will, er kann ihm das Eigentum und sogar das Leben nehmen.« Die Folge dieser Aufstachelung ist Gesetzlosigkeit. Nun werden »offene Rechnungen« beglichen. In Podhajce in der Wojwodschaft Tarnopol wird der örtliche Großgrundbesitzer an einen Pfahl gebunden und mit Messern brutal gefoltert, und nicht selten werden auch Juden Opfer des nationalistischen Irrsinns.

Zur gleichen Zeit machen die Rotarmisten Jagd auf polnische Militärs: Eine Viertelmillion Soldaten, darunter rund fünfzehntausend Offiziere, geraten in sowjetische Kriegsgefangenschaft und werden in Sonderlagern untergebracht. Auch wenn ein Großteil nach geraumer Zeit wieder freigelassen wird: Zehntausende werden zur Zwangsarbeit im Straßenbau eingesetzt oder dem »Volkskommissariat für Schwerindustrie« zur Verfügung gestellt.

Doch das ist erst der Anfang. In zunehmendem Maße beginnen Sowjetfunktionäre nun, von Haus zu Haus zu gehen und Menschen zu registrieren. Viele arbeitsfähige Männer werden kurzerhand erschossen, andere ins Gefängnis gesteckt. Und dann beginnen im Winter und Frühjahr 1940 die Deportationen nach Sibirien und nach Kamtschatka, dem östlichsten Punkt des Riesenreichs. Aus einem – später verfaßten – Bericht der polnischen Botschaft in der UdSSR geht hervor, welche Bevölkerungsgruppen betroffen waren.

Februar 1940. »In den Städten Zivilangestellte, Beamte der Kommunalverwaltungen, Richter, Mitglieder des Polizeiapparats. Auf dem Land: Waldarbeiter, Siedler und Kleinbauern – wobei es sich um Polen, Ukrainer und Weißrussen (mehrere Ortschaften wurden auf diese Weise ihrer gesamten Einwohnerschaft beraubt)« handelt.

April 1940. »Familien solcher Personen, die entweder bereits vorher verhaftet worden waren, ins Ausland geflohen

waren oder als vermißt galten. Dazu Kaufleute (zumeist Juden), Landarbeiter von verstaatlichten Gutshöfen und weitere Kleinbauern aus allen drei Volksgruppen.«
Juni 1940. »Praktisch alle polnischen Bürger, die im September 1939 zu Tausenden vor den grausamen Nazi-Streitkräften, die damals vom Westen her nach Polen einmarschiert waren, in Ost-Polen Zuflucht gesucht hatten. Außerdem kleine Kaufleute (ein Großteil davon Juden) sowie Ärzte, Ingenieure, Anwälte, Journalisten, Künstler, Universitätsprofessoren, Lehrer.«
Bei dieser dritten Massendeportation wird die größte Anzahl von Juden in die Sowjetunion verschleppt – von den achtzigtausend, die in diesen Transporten deportiert werden, sind vierundachtzig Prozent Juden.
Der Höhepunkt der Grausamkeiten wird schließlich im Frühjahr 1940 erreicht, als Stalin und sein Henker, der NKWD-Chef Lawrentij P. Berija, den Befehl geben, 21 857 polnische Offiziere und Intellektuelle in einem Waldstück bei Katyn und an anderen Orten zu exekutieren.

Auch Mordechai Cybulski wird von den Sowjets »besucht«. Ihnen gilt der wohlhabende Jude als Kapitalist, und so drohen sie unverhohlen mit der Deportation in Stalins Lager – zum Arbeitseinsatz und zur Umerziehung. Doch Cybulski versteht es, mit den Rotarmisten umzugehen. Die Durstigen werden mit Wodka beschenkt. Die Hungrigen versorgt seine Frau, wenn sie dastehen und bitten: »Mamascha dawaj kuschat« – »Mutter, gib mir etwas zu essen!« Zudem führt er seine Mühle vorbildlich – und die ernährt auch die ausgehungerten Besatzungssoldaten mit.
So ist die jüdische Familie aus Łomża guten Mutes, die schwierige Zeit zu überstehen. Cyla möchte gern Pharmazeutin werden, die gleiche Laufbahn einschlagen wie ihr

Bruder Jakub, der vor dem Krieg in Krakau ein Medizinstudium begonnen und sich später der Pharmazie zugewandt hatte. Nathans Traum ist, später einmal als Ingenieur sein Geld zu verdienen.

Andere Juden leiden stärker unter der sowjetischen Herrschaft. Sie treibt die Angst um, wie viele andere deportiert zu werden und die polnische Heimat nie wiederzusehen – eine Sorge, die nicht unbegründet scheint. Später wird die Zahl der in Arbeitslagern oder auf Eisenbahntransporten ums Leben gekommenen Menschen auf neunzig- bis einhunderttausend geschätzt werden. So löst im Mai 1940 gerade unter der jüdischen Bevölkerung eine Nachricht große Unruhe aus: Die Deutschen, so heißt es, wollten in Lemberg eine Kommission einrichten, die zu entscheiden habe, wer in den von der Wehrmacht kontrollierten Teil Polens übersiedeln könne. Und als eine solche Kommission dann tatsächlich in der Orzeszkowa-Straße die Villa Grażyna bezieht, wollen in den meisten Fällen ausgerechnet Juden vom sowjetisch besetzten Teil des Landes in den von den Nazis okkupierten ziehen. Noch gelten ihnen die Deutschen im Gegensatz zu den Russen als zivilisiert. Das Kulturvolk Goethes und Schillers, glauben sie, könne doch selbst unter der fanatischen Herrschaft der ungehobelten Nazis nicht allzu unmenschlich mit seinen Opfern verfahren. »Bei der Registrierung«, berichtet Chaim Hades aus Brest, »stand ich viele lange Stunden in der Schlange, bis ich schließlich die Bewilligungskarte für die Ausreise erhielt. Zu jener Zeit bedeutete das, ungeheures Glück gehabt zu haben. Einmal wandte sich ein deutscher Offizier an eine Gruppe der dort wartenden Juden und fragte: ›Juden, wohin wollt ihr? Wißt ihr nicht, daß wir euch töten werden?‹«

Die Quälerei im Lager Auschwitz findet derweil kein Ende. In der sengenden Hitze müssen die Häftlinge, wenn sie nicht gerade zu den demütigenden »Sportübungen« gezwungen werden, stundenlang stehen. Wer umfällt, wird gnadenlos geschlagen. Durst peinigt die Gefangenen. Hinzu kommt, daß nun allen die Haare geschoren worden sind und keine Mützen ausgegeben werden. Unbarmherzig brennt die Sonne auf die zerschlagenen und aufgeplatzten Schädel. Den Durstigen, die am Boden liegen, wird wie zum Hohn das ersehnte Wasser über den Kopf gegossen. Verzweifelt versuchen sie, mit ein paar Tropfen ihre Lippen zu benetzen. Doch schon das ist verboten. Und immer wieder wird geschlagen.

Jerzy Bielecki muß sich zwischen den harten Steinen wälzen, die den Boden des Vorplatzes bedecken. Scharf schneidet der Splitt in seine Haut. Brandblasen bedecken mittlerweile seinen Körper. Verbrannte Haut löst sich an den Ellenbogen. Neben ihm brechen einige unter einem Hitzschlag zusammen. Ein »Glücklicher« versucht, den kahlen und von blutenden Beulen übersäten Kopf mit einem Taschentuch notdürftig zu bedecken – andere haben selbst diese Möglichkeit nicht.

Nur gut, daß der Jerzys Häftlingsgruppe zugeteilte Kapo erträglich ist. Der Schlesier, ein ruhiger und im Vergleich zu den vielen Sadisten unter den Funktionshäftlingen geradezu besonnen wirkender Mann, sammelt an einem der ersten Abende Pluspunkte, als er den Gefangenen etwas Tee reicht. Doch selbst diese kleinen Zeichen menschlicher Regung werden sofort unterbunden. Als Rapportführer Palitzsch, ein jungenhaft wirkender SS-Mann, im Raum erscheint, setzt es wieder Hiebe, bevor Jurek auch nur einen Schluck abbekommen hat.

Langsam füllt sich das Lager. Aus dem Gefängnis Wiśnicz Nowy trifft ein Transport mit 313 polnischen Häftlingen ein – darunter der bekannte Bildhauer und Kunstmaler Xawery Dunikowski, der die Nummer 774 erhält –, und aus Schlesien werden nun täglich polnische politische Häftlinge nach Auschwitz gebracht.

Sie alle werden der üblichen Prozedur unterzogen: Baden, Scheren und Eintauschen der Zivilkleidung gegen die blauweiß gestreifte Häftlingskleidung. Danach registrieren die Kapos die Neuankömmlinge, teilen das Eßgeschirr aus und prügeln drauflos, bevor alle einer eingehenden Überprüfung durch den SS-Arzt Mayer unterzogen werden, der für seine »anthropologischen Untersuchungen« penibel körperliche Unregelmäßigkeiten notiert.

Besondere Aufmerksamkeit erregt der jüdische Häftling Dawid Wingoczewski, bei dem eine fortgeschrittene Tuberkulose, Mastdarmvorfall und Nekrose festgestellt werden. Zudem ist er extrem abgemagert und am ganzen Körper von den in der Haft zuvor erlittenen Schlägen gezeichnet. Die SS-Männer, beobachtet Häftling Adam Kozłowiecki, belustigen sich am »Anblick dieses Unglücklichen«. Sie besehen »ihn wie ein Scheusal« und fotografieren »den armen Menschen von allen Seiten«.

Nach gut zwei Wochen ist die Zeit der Quarantäne endlich vorüber; die Gefangenen werden in die ersten drei von einfachem Stacheldraht umzäunten Baracken des »Stammlagers Auschwitz« gepfercht. Jerzy Bielecki kommt in den »Block 3a«, in dem die Häftlinge dicht gedrängt auf Strohsäcken schlafen, und ist erleichtert, als er dem »Arbeitsdienst« zugewiesen wird, weil er so den willkürlichen Schikanen entgeht. Und in der Tat ist die Arbeit erträglicher als die ständige Demütigung während der ersten Wochen – auch wenn sie schwer ist und von den meisten barfuß verrichtet werden muß.

Die Gruppe wird zum Bau eingeteilt. Von morgens bis abends müssen die Gefangenen Schutt abtragen und alte Holzbaracken demontieren.

Manchmal gelingt es Jerzy, sich zwischen den Holzstapeln zu verstecken und etwas Luft zu holen. Ihm ist klar: Er muß seine Kräfte schonen, sonst gibt es aus diesem Lager kein Entkommen. Zuweilen wird er allerdings bei seinen Ruhepausen ertappt. Mit hochrotem Kopf stürmt dann Palitzsch heran, brüllt: »Du fauler Hund« und schlägt Bielecki »grün und blau«. Auch der Kapo Hermann gönnt ihm keine Rast. Einmal, als der umgängliche Kapo Eddi den ohnmächtig gewordenen Jurek in einem Holzhäuschen mit Tee versorgt, platzt Hermann herein und staucht die beiden zusammen. »Was will dieser Drecksack hier?« Doch dann läßt er die beiden kopfschüttelnd gewähren.

Immerhin kehrt jetzt so etwas wie Normalität ein. Der Tag beginnt morgens um vier, wenn die Schlaftrunkenen von den fluchenden Blockältesten hinausgejagt werden. Dann stürzen alle hektisch zu einem zwischen »Block 2« und »Block 3« deponierten riesigen Wasserbottich, um sich innerhalb weniger Minuten notdürftig zu waschen, eilen von Prügeln begleitet im Laufschritt zurück, um die Schlafstatt herzurichten, und versuchen, einen Schluck dünnen Kaffee zu ergattern. Doch meistens verhindert das bereits der Gong zum Appell vor dem Block, wo sich die Häftlinge in Zehnerreihen aufstellen müssen, um dem SS-Personal das Zählen zu erleichtern.

Danach marschieren alle in Kolonnen zur Arbeit. Immer durch das Tor mit der Aufschrift »Arbeit macht frei«. Und immer mit Gesang; es gibt ein Lagerlied.

Im Lager Auschwitz war ich zwar
Holladri Holladro
So manchen Monat, Tag und Jahr
Holladri Holladro
Doch denk ich frohgemut und gern
an meine Lieben in der Fern.

»Die Arbeit in der Gefangenschaft«, wird Lagerkommandant Rudolf Höß später, in Haft, niederschreiben, »ist ein Erziehungsmittel für Gefangene, die an und für sich haltlos sind, für solche, die einer Gewöhnung zu Stetigkeit und Ausdauer bedürfen.«

Und es gibt Mahlzeiten: Zum Frühstück einen halben Liter schwarzen Ersatzkaffee oder meist ungezuckerten Kräutertee. Zum Mittagessen etwa einen Liter wäßrige Suppe. Zum Abendbrot rund zweihundertfünfzig Gramm Brot, welches oft bereits verschimmelt ist. Dazu einen halben Liter Kaffee und winzige Portionen schmierigen Käse, Margarine, Marmelade und manchmal ein Stückchen Wurst.

Die Essensausgabe besorgen die Funktionshäftlinge. Gnadenlos bestehlen sie die anderen Gefangenen, reißen die nahrhaftesten Stücke sofort an sich und lassen oft nur verfaulte Reste übrig. Wenn Jerzy Bielecki Pech hat, besteht seine Ration nur aus trockenem Brot und kaum genießbarer Rübensuppe.

»An Brot und Essen denkt man immer«, berichtet der Häftling Adam Kozłowiecki, »man spricht davon, man träumt davon. Die Arbeit zehrt uns bis an die Grenze des Möglichen aus, und sie geben uns so viel zu essen, daß wir nicht sofort sterben, sondern langsam aus Kräftemangel.« Eines Nachts ertappt sich der Erzbischof sogar bei dem Gedanken, seine schlafenden Leidensgenossen zu bestehlen: »Der Gedanke ans Essen verfolgt mich auf Schritt und Tritt, zu jeder Zeit am Tage und sogar in der Nacht.«

Abends hat Jurek die Möglichkeit, seine Kameraden Staszek, Edek, Ignacy und Józef zu besuchen, die in anderen Blocks untergekommen sind. Seit dem Tag ihrer Festnahme in Nowy Sącz sind die vier getrennt gewesen; im Lager Auschwitz treffen sie sich wieder.

Am 6. Juli versammeln sich die Häftlinge abends um sieben Uhr wie jeden Tag nach der Arbeit zum Appell vor dem Block. Unruhig marschieren die Kapos durch die Reihen und zählen. Irgend etwas stimmt nicht. Wieder und wieder überprüfen sie die Häftlingsnummern. Die Wachmänner werden sichtlich nervös. Dann begreifen sie: Ein Häftling fehlt, und es dauert nicht lange, da ist der Flüchtige identifiziert. Es handelt sich um den »Schutzhäftling« Tadeusz Wiejowski mit der Nummer 220.

Jerzy Bielecki hat einen Platz irgendwo in der Mitte der Hundertschaften gefunden. Das ist gut, denn besonders malträtiert werden diejenigen, die SS-Männern und ihren Kapo-Handlangern zuerst auffallen – oft jene, die am Rand stehen.

Aus den Augenwinkeln kann Jurek einen aufgebrachten Lagerkommandanten Höß ausmachen, der wild gestikulierend mit seinem »Lagerführer« Fritzsch spricht. Kurz darauf kommt dieser herbeigestürmt und brüllt die stumme Masse an: »Ihr Schweine werdet hier so lange stehen, bis der Entflohene aufgegriffen wird.« Die Häftlinge harren in »Achtungstellung« nebeneinander aus – Abstand eine Armlänge, die Hände am Hinterkopf gefaltet, die Ellbogen so weit wie nur möglich nach hinten gedrückt. Nach der harten Arbeit fällt das Stehen in einer solchen Körperhaltung besonders schwer, den ersten schlafen die Arme ein. Doch schon stürzen Kapos in die Menge, fischen sich brüllend die »Faulpelze«, die es nicht schaffen, die Arme weiter aufrecht zu halten, heraus und schlagen zu.

Das geht eine Stunde so, vielleicht auch zwei. Jurek verliert sein Zeitgefühl, »wenn man stundenlang reglos verharren muß und alle Glieder schmerzen«. Dann taucht Palitzsch auf, fordert einen Dolmetscher und findet ihn in dem schlaksigen und immer etwas ungeschickt wirkenden Grafen Baworowski.

»Ein Häftling ist geflüchtet ... Wiejowski ... Es soll sich derjenige melden, der ihm bei der Flucht geholfen hat.«

Niemand regt sich.

»Ihr werdet hier so lange stehen, bis sich derjenige meldet.«

Alle sind erstarrt und schweigen.

»Verfluchte Bande, ich werde euch helfen!«

Baworowski wird mit einem Tritt in den Hintern von seiner Übersetzungsarbeit entbunden. Der Adlige taumelt, verliert dabei seine Brille, kriecht hilflos auf allen vieren zurück in die Reihe.

Dann verschwinden zunächst die SS-Leute und danach die hungrigen Kapos zur Essensausgabe und lassen die Menge in der einsetzenden Kälte und Dunkelheit stehen.

Gestank breitet sich aus. Viele haben nach den Qualen der letzten Wochen Durchfall und Nierenprobleme. Niemand darf sich rühren. Manche verrichten ihre Notdurft an Ort und Stelle.

Dann kehren die ersten Peiniger, zum Teil ostentativ schmatzend, zu ihren Opfern zurück.

Häftling Wiesław Kielar zittert »wie bei einem Malariaanfall«, Häftling Jerzy Bielecki kann sich kaum noch aufrecht halten, Häftling Tadeusz Srogi versucht den unbändigen Hunger zu verdrängen, indem er an seine Familie denkt. Dann wird es Nacht – von unten kriecht Nässe hoch, und von der Soła weht ein kalter Wind herüber.

Irgendwann in dieser Nacht stirbt der von der Tuberkulose gezeichnete Jude Dawid Wingoczewski, der wegen seines Anblicks von den SS-Männern verhöhnt worden ist.

Dann kippen die ersten um. Auch Jurek überlegt, ob er sich erschöpft fallen lassen soll – »vielleicht schafft das ein wenig Erleichterung«. Doch als er sieht, wie die Ermatteten mit eiskaltem Wasser und Stöcken bearbeitet werden, entschließt er sich durchzuhalten. Am nächsten Morgen werden Nummern aufgerufen. Die Genannten müssen aus den Reihen hervortreten und werden zu Palitzsch gebracht, zum Verhör: »Du hast von Wiejowskis Fluchtplan gewußt. Gib es zu!« Irgendwann taumeln sie gekrümmt und blutig geschlagen zurück zu den anderen.

Als schon die Mittagshitze brennt – irgendwo weiter hinten bettelt jemand um einen Schluck Wasser –, kommt ein Unteroffizier. »Wenn jemand erzählt, wie Wiejowski seine Flucht organisiert hat«, behauptet der Deutsche, »bekommt er eine bessere Arbeit.«

Doch auch diesmal meldet sich niemand.

Einige bekommen einen Sonnenstich, andere erleiden Nervenzusammenbrüche. Schon steht vielleicht nur noch die Hälfte, und Jurek versucht, wenn niemand guckt, sich heimlich hinter seine Leidensgenossen zu hocken und Kraft zu schöpfen. Gegen vierzehn Uhr, nach neunzehn Stunden Pein, werden die Häftlinge – angeblich nach einer Intervention des Lagerarztes Max Popiersch – vom Stehappell befreit und zur Arbeit getrieben.

Jerzy Bielecki muß mit seinem Arbeitskommando Schutt

sortieren – altes Eisen und schwere Öfen durch die Gegend schleppen.
In der Zwischenzeit ermittelt die SS fünf polnische Elektriker, die als Zivilisten in Auschwitz gearbeitet haben, als mutmaßliche Konspiranten – sie hätten, heißt es, die Flucht »durch Beschaffung von Zivilkleidung und Lebensmitteln sowie Kassiberweiterleitung« begünstigt.
Zuerst soll an den fünf Polen, die bereits im sogenannten »Todesblock« mißhandelt und verhört worden sind, ein Exempel statuiert werden. »Unverzüglich« ordnet Erich von dem Bach-Zelewski, der »Höhere SS- und Polizeiführer« in Breslau, in einem Schreiben an den KZ-Kommandanten Rudolf Höß an, daß die Zivilarbeiter »durch ein von Ihnen zu stellendes Exekutionskommando zu erschießen sind« – wobei er empfehle, »die Exekution so durchzuführen, daß sie eine Warnung für diejenigen wird, die sich mit ähnlichen Gedanken tragen«. Später jedoch werden die Fluchthelfer nach einer Prügelstrafe von je fünfundsiebzig Hieben ins Konzentrationslager Mauthausen überstellt.
Katarzyna Wiejowska hingegen, die Ehefrau des Entflohenen, wird von der Verwaltung des Konzentrationslagers benachrichtigt, sie könne »die Nachlaßsachen Ihres im hiesigen Lager verstorbenen« Mannes in Empfang nehmen. »Gleichzeitig wird darauf aufmerksam gemacht, daß zur Zeit eine Verzögerung der Absendung der Sachen um mindestens vier Wochen eintreten kann.«

Bielecki empfindet den Einsatz im »Schuttkommando« als halbwegs erträglich. Der Kapo läßt mit sich reden. So können Häftlinge, die tagelang den schweren Karren ziehen mußten, zur Abwechslung in eine andere Arbeitsgruppe eingewiesen werden, die den Schrott sortiert, so daß nicht ständig die gleichen Muskeln strapaziert werden.

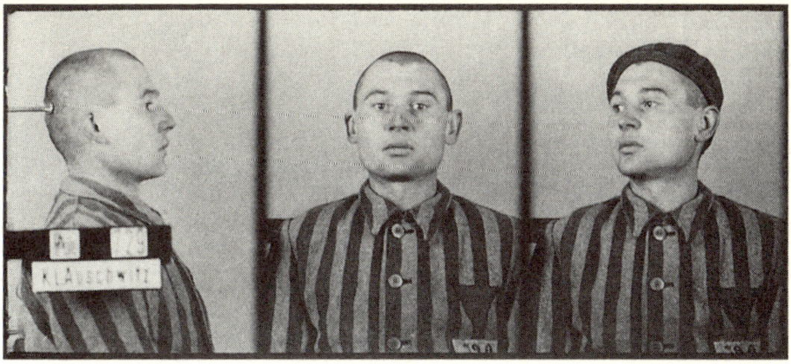

Stanisław (»Staszek«) Stachura

Doch entgeht Bielecki nicht, daß es noch angenehmere Tätigkeiten im Lager gibt. Sein Freund Edek Bubka etwa arbeitet mittlerweile als Zimmermann, was ihn vor schwerer körperlicher Anstrengung bewahrt. Besonders begehrt sind außerdem die Posten in der Verwaltung oder in der Abteilung, die sich um die Lebensmittelversorgung kümmern muß. Am besten jedoch sind jene dran, die in der Küche arbeiten dürfen. Für sie ist es am einfachsten, sich begehrtes Gemüse zu beschaffen und manchmal sogar ein Stück Pferdewurst.

Einen »guten Posten« hat auch Staszek Stachura gefunden. Mit anderen muß er einen Rollwagen schieben, der mit Gummireifen ausgestattet ist. Die Arbeit ist nicht schwer. Doch noch verlockender ist die Ladung, welche die Häftlinge durchs Lager karren müssen: Kartoffeln. Nicht selten stecken die Köche den Gefangenen etwas zu. Und weil Staszek seinen alten Freund nicht vergißt, kommt auf diese Weise auch Jurek gelegentlich zu einer zusätzlichen Portion. Kapo Eddi, ein friedfertiger und stiller Häftling, der wie Jurek einen roten Winkel, das Kennzeichen der politischen Gefangenen, trägt, hat sich immer noch mit Kapo Hermann, dem »Kriminellen«, herumzuschlagen, einem der vielen Choleriker im Lager. Hinter Hermanns Rücken hilft Eddi, wo er kann.

Eines Tages tritt er auch auf Jurek zu.

»Wie lange bist du eigentlich schon in diesem Kommando?« fragt er.

»Schon lange.«

Dann sieht er die niedrige Nummer auf Bieleckis Jacke. »Du bist Nummer 243? Dann müßtest du längst eine leichtere Arbeit gefunden haben.«

Eddi verspricht, sich für Jurek einzusetzen.

Es dauert nicht lange, da hat jeder der Inhaftierten begriffen, wie wichtig taktisches Verhalten und gute Beziehungen in dieser Hölle sind. Langsam entwickelt sich unter den polnischen – überwiegend politischen – Gefangenen ein System des Gebens und Nehmens. Wer sich solidarisch verhält, hat die größten Chancen durchzukommen.

Am meisten leiden die Häftlinge in der sogenannten Strafkompanie. Manchmal sieht Bielecki den Trupp an sich vorüberziehen: Viele Juden sind in der neugeschaffenen Abteilung und überdurchschnittlich viele Akademiker, die im August mit einem Gefangenentransport aus Warschau hergekarrt worden sind – Professoren, Geistliche, Juristen.
Gerade diejenigen, die schwere körperliche Arbeit am wenigsten gewohnt sind, werden hier am brutalsten gezüchtigt: Sie müssen per Hand eine tonnenschwere Straßenwalze über den Appellplatz und die Lagerstraßen ziehen. Nicht wenige sterben dabei, einige vor Erschöpfung, andere werden von der Eisenwalze überrollt.
Kapo der Abteilung ist der sadistische Kriminelle Ernst Krankemann, der erst vor kurzem aus Sachsenhausen nach Auschwitz gebracht worden ist und sich ein Vergnügen daraus macht, die ihm Ausgelieferten zu Tode zu foltern. Seine Methode soll im Lager Schule machen: Liegt ein Häftling wehrlos am Boden, nimmt Krankemann den Stiel einer Schaufel oder irgendeinen schweren Knüppel, legt ihn dem Mann quer über den Hals und »wippt« darauf so lange, bis sein Opfer aufhört zu atmen.
»Hauptlieferant für die Verbrennungsöfen ist die Strafkompanie«, registriert Bielecki und bemerkt kaum, wie sich seine Sprache seltsam nüchtern der wahnsinnigen Lagerwelt anpaßt. Wie »gut« hat er es doch dagegen, trotz aller Qualen; seine Lebensmittelration ist immer noch etwas größer als die der von Krankemann gequälten Häftlinge. Auch hat er es mittlerweile geschafft, sich eine Arbeit zu »organisie-

ren«, die ihn weitgehend von körperlichen Torturen verschont.
Jerzy Bielecki, der Häftling 243, kehrt mit einem Besen aus Weidenzweigen den Platz vor dem Tor.

Erst bemerkt Bielecki die Person nicht, die dort hinter dem Schlagbaum steht. Vor sich das schwere Tor mit dem schwarzeisernen Spruchband »Arbeit macht frei« und drohenden Schildern – »Halt, Ausweise vorzeigen« und »Hochspannung Lebensgefahr« – neben dem doppelreihig gezogenen Stacheldraht.
Etwas unsicher steht da eine Zivilistin, und es dauert eine Weile, bis Jerzy zu ihr hinüberblickt. Er sieht eine schüchterne »ältere Frau mit weitaufgerissenen Augen«. Vielleicht dreißig Meter und der elektrisch geladene Zaun trennen die beiden voneinander. Die Frau hält sich wie erschrocken die Finger der linken Hand vor den Mund, in der Rechten trägt sie eine Tasche. Irgend etwas scheint sie zu wollen, doch Bielecki weiß nicht, was.
Dann läßt er den Besen sinken, schaut noch einmal hinüber und erstarrt. Jerzy Bielecki glaubt, seine Mutter hinter dem düsteren Draht zu erkennen. Zofia Bielecka. Doch ist das möglich? Wie sollte sie erfahren haben, daß er hier ist? Woher könnte sie überhaupt wissen, daß es hier, irgendwo zwischen Weichsel und Soła, dieses schreckliche Lager gibt?
Und doch wird aus der Vermutung Gewißheit, als die gebeugte Frau die Finger ein wenig hebt und vorsichtig herüberwinkt, als wolle sie zeigen, daß sie – seit wie vielen Tagen schon? – hier gewartet und ihn nun endlich gefunden habe.
»Was mag sie jetzt fühlen, wo sie mich hier so sieht«, fragt sich Jurek, »in Häftlingskleidung und mit einem Besen in der Hand?« Und er vergißt die Arbeit. Versucht, die Zeichen ebenso behutsam zu erwidern, will signalisieren, daß

er sich ihr nicht nähern kann, obwohl er nichts lieber täte als das. Ja, ihm kommt sogar in den Sinn, daß es für ihn die größte Freude wäre, zu ihr zu stürzen, sich vor ihr zu verbeugen und der Mutter die Füße zu küssen.

Dann brüllt der Kapo.

Bielecki kommt der hektische Schrei lauter vor als sonst. Zum ersten Mal im Lager hat er vieles um sich herum vergessen: die Arbeit, den Kapo, sogar die Schläge, die ihm überall drohen.

Gehetzt stürzt er hinter das nächste Backsteingebäude, begleitet von energischen »Halt! Halt!«-Rufen. Dann holt er Luft und sucht nach einem Versteck, findet es schließlich in der Latrine. Dort hat ein Häftling Dienst, der von allen so genannte »Scheißmeister«.

»Meine Mutter war am Lagertor«, keucht er. »Jetzt sind sie hinter mir her.«

»Wenn dich jemand fragt, sagst du, irgendeine Frau habe am Zaun gestanden«, besänftigt ihn der Latrinen-Häftling. »Jede – nur nicht deine Mutter!«

Ein Gong beendet das Gespräch der beiden abrupt – das Zeichen für alle Häftlinge, sich zum Appell zu versammeln. Drohend nähert sich der SS-Arbeitsdienstleiter, Hauptscharführer Franz Hössler.

»Ein Häftling war zu nah am Zaun«, herrscht er die strammstehende Menge an.

Bielecki tritt vor und stammelt, er habe fegen, nur seiner Arbeit nachgehen wollen. Sonst nichts.

Was für ein Zivilist dort gestanden habe?

Bielecki weiß es nicht.

Ob er Zeichen gemacht habe?

»Der Zivilist hat mich etwas fragen wollen. Ich gab nur ein Zeichen, daß ich nichts weiß.«

Kapo Bruno rammt Bielecki seine Faust in den Magen. »Rede keinen Quatsch!«
Jurek krümmt sich auf dem Boden und ringt nach Luft.
Etwas abseits steht ungerührt SS-Mann Hössler und macht sich seelenruhig Notizen. »Nummer 243 muß zum Strafrapport«, murmelt er beiläufig und läßt abtreten. Während sich die anderen, froh, um eine Strafe herumgekommen zu sein, wieder ihrer Arbeit widmen, bleibt Jerzy Bielecki mit dem Blockältesten zurück.
Am Abend hat sich im Block die Nachricht vom unerwarteten Verwandtenbesuch herumgesprochen. »Sie wird der Welt berichten, was hier vorgeht. Sie wird erzählen, was sie gesehen hat«, hoffen die Verzweifelten, die nicht glauben können, daß die Menschen in Freiheit akzeptieren, was die Nazis in den Lagern mit ihren Feinden anrichten. »Wenn man draußen doch nur wüßte, was sich hier abspielt.«

»Rasier dich ordentlich, und geh noch zum Lagerfriseur«, ermahnt der Blockälteste Jerzy väterlich. »Du mußt heute zu SS-Hauptsturmführer Fritzsch.« Jurek steht der Strafrapport bevor. Er kann sich darunter nichts vorstellen. »So schlimm wird es nicht sein«, beruhigt er sich – nach allem, was die Häftlinge schon erleiden mußten.
Dann steht er vor dem Lagerführer, der ihn, harmlos auf sein Opfer herabblickend, fragt, ob er denn schon einmal am Pfahl gehangen habe. »Nein?« höhnt Fritzsch. »Na, dann wirst du diese Erfahrung heute machen.«
Ein SS-Scherge stößt Jurek in die Mittagshitze, führt ihn über den Platz und verschwindet mit ihm in einem Verwaltungsgebäude. Oben auf dem Dachboden steht die Luft. Heiß und staubig ist es. Bielecki ergreift die Angst. Was haben sie nur vor? Dann sieht er einen groben Balken, der unter dem Dach quer durch den Raum gezogen ist. Daran

hängen schwere Ketten. Hinten baumelt ein ohnmächtiger Gefangener.
Der Deutsche befiehlt Bielecki auf einen Schemel und fesselt ihm die Hände hinter dem Rücken. Dann zieht er eine der Eisenketten zwischen den Armen durch, stößt Jurek den Schemel unter den Füßen weg und zieht die Kette hoch. Häftling Nummer 243 schwingt hilflos im Raum.
Bielecki schließt die Augen und versucht verzweifelt, die Beine hochzudrücken, um sein Gewicht besser zu verteilen. Er weiß nicht, wie lange er so hängt. Als er einmal die Augen öffnet, sieht er, wie dem Nachbarn Wasser ins Gesicht gespritzt wird; dann wird es wieder dunkel. Erst nach einer kleinen Endlosigkeit vernimmt er eine deutsche Stimme. »Mach die Augen auf«, sagt jemand scheinbar gutmütig. »Oder willst du ewig hängen?« Dann spürt Bielecki wieder Halt unter den Füßen. Mühsam versucht er zu stehen. Alles schmerzt, doch der SS-Mann witzelt: »Mach dir keine Sorgen. Zu deiner Hochzeit bist du wieder in Ordnung.« Dann führt er Jurek zurück zu seinem Block, 3a.

»Liebste Eltern!
Ich befinde mich hier gesund und wohl, und denke in jeder Zeit von Euch. Als werdet Ihr zu mir schreiben, sollet Ihr die Anordnungen auf dem Briefumschlage bemerken. Schreibet Ihr auch zu mir ob seid Ihr alle gesund und zu Hause.
Ich küsse Euch 1000 Mal.
Jurek
P. S. Herzlichen Dank für allen. Am nächste Mal werde ich mehr schreiben.«

Die Briefe, die die Häftlinge seit dem Herbst 1940 an ihre Familien schreiben dürfen, sind eine Farce. Sie werden nicht

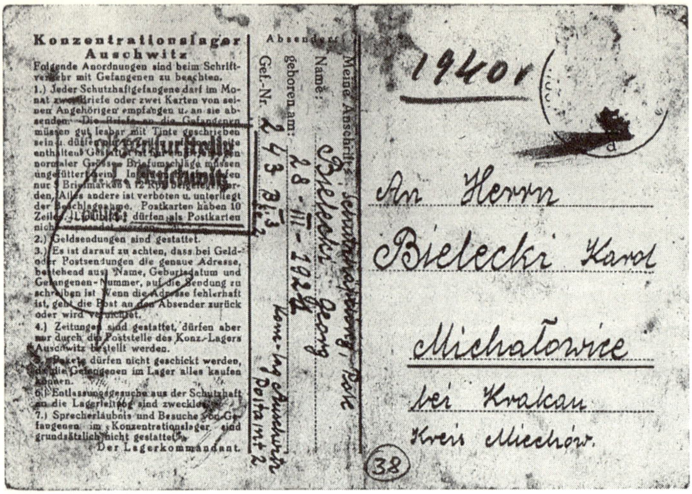
Konzentrationslager Auschwitz

Folgende Anordnungen sind beim Schriftverkehr mit Gefangenen zu beachten.

1.) Jeder Schutzhaftgefangene darf im Monat zwei Briefe oder zwei Karten von seinen Angehörigen empfangen u. an sie absenden. Die Briefe an die Gefangenen müssen gut lesbar mit Tinte geschrieben sein u. dürfen … enthalten … normaler Grösse. Briefumschläge müssen ungefüttert sein. In … nur 5 Briefmarken à 12 Rpf. beigelegt werden. Alles andere ist verboten u. unterliegt der Beschlagnahme. Postkarten haben 10 Zeilen. … dürfen als Postkarten nicht verwendet werden.

2.) Geldsendungen sind gestattet.

3.) Es ist darauf zu achten, dass bei Geld- oder Postsendungen die genaue Adresse, bestehend aus: Name, Geburtsdatum und Gefangenen-Nummer, auf die Sendung zu schreiben ist. Wenn die Adresse fehlerhaft ist, geht die Post an den Absender zurück oder wird vernichtet.

4.) Zeitungen sind gestattet, dürfen aber nur durch die Poststelle des Konz.-Lagers Auschwitz bestellt werden.

5.) Pakete dürfen nicht geschickt werden, da die Gefangenen im Lager alles kaufen können.

6.) Entlassungsgesuche aus der Schutzhaft an die Lagerleitung sind zwecklos.

7.) Sprecherlaubnis und Besuche von Gefangenen im Konzentrationslager sind grundsätzlich nicht gestattet.

Der Lagerkommandant.

Absender:
Meine Anschrift: Schutzhaftgefangener, Pole
Name: Bielecki Georg
geboren am: 28-III-1921
Gef.-Nr. 243 Bl. 3
Kon.-lag. Auschwitz Postamt 2

1940 r.

An Herrn
Bielecki Karol
Michałowice
bei Krakau
Kreis Miechów.

(38)

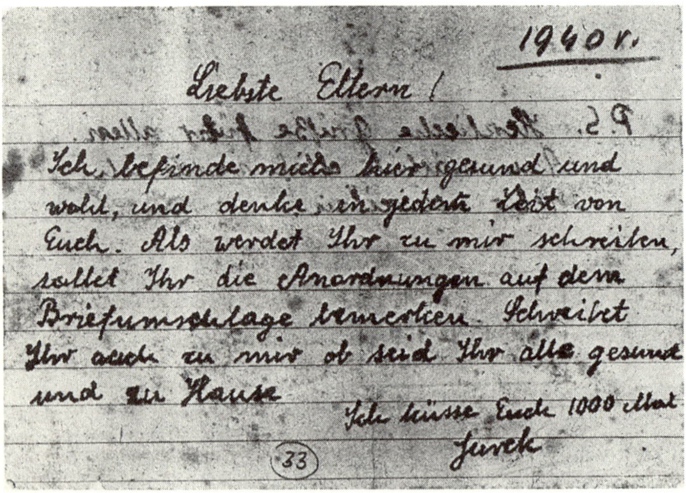
1940 r.

Liebste Eltern!

P.S.

Ich befinde mich hier gesund und wohl, und denke in jederm Zeit von Euch. Als werdet Ihr zu mir schreiben, sollet Ihr die Anordnungen auf dem Briefumschlage bemerken. Schreibet Ihr auch zu mir ob seid Ihr alle gesund und zu Hause.

Ich küsse Euch 1000 Mal
Jurek

(33)

selten von den Deutschen diktiert, und in allen heißt es, es gehe dem Häftling gut und er erfreue sich bester Gesundheit. Ferner müssen alle Briefe in der deutschen Sprache abgefaßt sein – jedes Schreiben wird zensiert, bevor es das Lager verläßt.
»Folgende Anordnungen«, heißt es auf dem Briefumschlag, »sind beim Schriftverkehr mit Gefangenen zu beachten:
1.) Jeder Schutzhaftgefangene darf im Monat zwei Briefe oder zwei Karten von seinen Angehörigen empfangen und an sie absenden. Die Briefe an die Gefangenen müssen gut lesbar mit Tinte geschrieben sein und dürfen nur 15 Zeilen auf einer Seite enthalten. Gestattet ist nur ein Briefbogen normaler Größe. Briefumschläge müssen ungefüttert sein. In einem Briefe dürfen nur 5 Briefmarken à 12 Pfg. beigelegt werden. Alles andere ist verboten und unterliegt der Beschlagnahme. Postkarten haben 10 Zeilen. Lichtbilder dürfen als Postkarten nicht verwendet werden.
2.) Geldsendungen sind gestattet.
3.) Es ist darauf zu achten, daß bei Geld- oder Postsendungen die genaue Adresse, bestehend aus: Name, Geburtsdatum und Gefangenen-Nummer, auf die Sendungen zu schreiben ist. Wenn die Adresse fehlerhaft ist, geht die Post an den Absender zurück oder wird vernichtet.
4.) Zeitungen sind gestattet, dürfen aber nur durch die Poststelle des K.L. Auschwitz bestellt werden.
5.) Pakete dürfen nicht geschickt werden, da die Gefangenen im Lager alles kaufen können.
6.) Entlassungsgesuche aus der Schutzhaft an die Lagerleitung sind zwecklos.
7.) Sprecherlaubnis und Besuche von Gefangenen im Konzentrations-Lager sind grundsätzlich nicht gestattet.
Der Lagerkommandant.«

In diesen Sommer- und Herbstmonaten des Kriegsjahres 1940 wird kaum noch gekämpft. Wider Erwarten ungestört haben die Deutschen zu Beginn des – zunächst auf Polen beschränkten, dann auf weite Teile Europas ausgedehnten – Kriegs den halben Kontinent unterjochen können. Aufreizend überlegen sind sie nach Paris marschiert, haben Dänemark und Norwegen überrollt, und noch greifen die Engländer kaum ins Kriegsgeschehen ein. Fast scheint es, als habe Europa sich abgefunden mit der Nazidominanz, auch wenn Winston Churchill droht, dem deutschen Diktator Widerstand entgegensetzen zu wollen – einem Mann, den er als »Verkörperung so vielen seelenzerstörerischen Hasses … monströse Ausgeburt alten Unrechts und alter Schande« bezeichnet. Wie sich später zeigen wird, meint er es durchaus ernst mit seiner Absicht, dem Rassenfanatiker zu trotzen.

Hitler hatte am 16. Juli 1940 angeordnet, ein Landungsunternehmen gegen England vorzubereiten. Doch erweist sich die »Operation Seelöwe« bereits nach kurzer Zeit heftiger Kämpfe als nicht durchführbar. Görings Luftwaffe scheitert schließlich an der anfangs unterschätzten Luftabwehr der »Royal Air Force« – ein erster Rückschlag für die siegesgewohnte Wehrmacht, die sich gerade anschickt, die europäischen Nachbarn in Helotenvölker zu verwandeln.

Auch hatte Hitler in den Engländern nie den eigentlichen Gegner gesehen. Noch hofft er, sich gütlich mit den in seinen Augen rassisch gleichwertigen Briten zu einigen. Das Empire könnte ja – vorausgesetzt, es akzeptierte die deutsche Dominanz auf dem Kontinent – seine Überseebesitzungen behalten. Schließlich hatte Hitler schon in »Mein Kampf« unmißverständlich zum Ausdruck gebracht, wo er den neu zu erobernden »Lebensraum« für sein »Herrenvolk« sah: im Osten. Sinn seiner Kriege, schrieb er, sei der »Gewinn eines Siedlungsgebietes, das die Grundfläche des Mutterlandes selbst erhöht«. Und dieses Ziel ließ sich schwerlich in Frankreich, seinen Kolonien oder anderen westeuropäischen Ländern realisieren. Der Raum, den Hitler verlangt, liegt auf dem Territorium der Sowjetunion, auf dem seiner Meinung nach ohnehin eine »jüdisch-bolschewistische Verschwörung« im Gang ist.

Und so ist es vielleicht mehr als nur Kriegstaktik, als Hitler seinem zu diesem Zeitpunkt einzigen Widersacher Churchill ein Friedensangebot unterbreitet. Er sei sich, verkündet er, darüber »im klaren, daß die Fortsetzung dieses Kampfes nur mit der vollständigen Zertrümmerung des einen der beiden Kämpfenden enden wird«. »Mister Churchill« möge glauben, »daß dies Deutschland ist. Ich weiß, es wird England sein.«

In der Tat werden in Berlin längst Pläne geschmiedet, die sich mit der Eroberung Rußlands beschäftigen: Seit dem Sommer 1940 wird im Oberkommando des Heeres der Überfall auf die Sowjetunion geplant. Ein Unterfangen, von dem Hitler glaubt, es würde nicht mehr als ein paar Monate in Anspruch nehmen. Bis dahin freilich soll die »englische Frage« – auf diese oder jene Weise – ausgeräumt sein.

Im besetzten Polen haben Hitlers Reichsverweser andere Sorgen. Seit 1939 ist Heinrich Himmler als »Reichskommissar« mit der »Heim-ins-Reich-Rückführung« der sogenannten Volksdeutschen aus dem Baltikum und Südtirol, aus der Bukowina und der Dobrudscha, aus Wolhynien und

Bessarabien beschäftigt. Binnen kurzer Zeit werden so rund eine halbe Million ethnische Deutsche in die dem Reich angegliederten Ostgebiete geschafft und dafür immer mehr Polen und gerade Juden ins Generalgouvernement oder in Gettos deportiert. Ihre Höfe, Wohnungen, Läden und Betriebe übernehmen jetzt die heimgeholten Deutschen. Und auch wenn bereits im November 1939 die Region Łódź, nun Litzmannstadt, dem Warthegau zugeschlagen wurde, um den urbanen Baltendeutschen eine zweite Großstadt als »Heimat« zur Verfügung stellen zu können, wird langsam der Platz knapp, vor allem im Generalgouvernement, in das zu diesem Zeitpunkt bereits rund 350 000 Juden deportiert worden sind.

Hitlers Ziel ist die Zerstörung der polnischen Wirtschaft in diesem Gebiet. Ihn schert die Überbevölkerung mit all ihren Folgen wie Verarmung, Epidemien und Versorgungskollaps nicht. Im Gegenteil; sie ist sein Ziel. »Alle Ansätze der Konsolidierung der Verhältnisse in Polen müssen beseitigt werden«, verkündet er, und er vergißt nicht hinzuzufügen: »Die Führung des Gebietes muß es uns ermöglichen, auch das Reichsgebiet von Juden und Polacken zu reinigen.«

Hans Frank wird unruhig. Zwar gedenkt er nicht, auf Polen oder gar auf Juden Rücksicht zu nehmen, doch wünscht er in seinem Herrschaftsbereich »geordnete Verhältnisse«. Was ihn in erster Linie stört, ist nicht schwer zu erraten. Die ohnehin schon unmißverständliche Sprache der Nazis ist zu diesem Zeitpunkt des Kriegs eindeutig wie selten. »Es ist unerträglich«, lamentiert der Generalgouverneur, »daß Generäle in Häusern wohnen müssen, die außer dem General nur noch menschliches Ungeziefer, sprich Juden, als Untermieter aufweisen.« Es sei schließlich nicht zumutbar für »die Autorität des nationalsozialistischen Reiches«, daß deren Repräsentanten »gezwungen sind, beim Betreten oder

Verlassen des Hauses mit Juden zusammenzutreffen, daß sie der Gefahr unterlägen, von Seuchen befallen zu werden«.

Und ebendeshalb »beabsichtige« er, »die Stadt Krakau bis zum 1. November 1940, soweit irgend möglich, judenfrei zu machen«. Paradox: Ebendeshalb liegt er seinem »Führer« in den Ohren, die Deportationen ins Generalgouvernement zu stoppen.

Zupaß kommt ihm eine Studie, die der NS-Experte für »das Judentum im osteuropäischen Raum«, Peter-Heinz Seraphim, im Oktober 1940 veröffentlicht. »Eine schwere Belastung« stelle der Zuzug in »das an sich schon judenübersättigte Gebiet« dar. »Damit ist die Judenfrage zu einem bevölkerungspolitischen Massenproblem erster Ordnung geworden.«

Doch wohin mit den Juden?

In diesen Tagen wird im Auswärtigen Amt in Berlin bereits der »Madagaskarplan« diskutiert. Seit 1885 ist die afrikanische Insel französisches Protektorat, seit dem Frühjahr 1940 herrschen die Deutschen in Paris. Im August notiert Joseph Goebbels euphorisch: »Die Juden wollen wir später nach Madagaskar verfrachten. Dort können auch sie ihren eigenen Staat aufbauen.« Und im Referat Eichmann, Reichssicherheitshauptamt, wird »zur Vermeidung dauernder Berührung anderer Völker mit Juden« schon hochgerechnet. Aus Deutschland könnten 743 000 Menschen deportiert werden, aus dem Generalgouvernement mindestens 2 300 000, dem Protektorat 77 000, aus Belgien und Holland insgesamt 240 000, dem kleinen Luxemburg 2500, aus den besetzten skandinavischen Ländern Dänemark und Norwegen 8500, der Slowakei 95 000 und Frankreich 270 000.

»Eine biologische Vernichtung« der Juden, begründet Reinhard Heydrich das Projekt zu diesem Zeitpunkt noch, sei »des deutschen Volkes als einer Kulturnation unwürdig«. »Wir werden daher den Feindmächten nach dem Siege die Auflage erteilen, mit ihrem Schiffsraum die Juden mit ihren Sachen nach Madagaskar oder sonstwohin zu schaffen.«

Aus dem Lager Auschwitz schreibt Jerzy Bielecki einen zweiten Brief an seine Eltern in Michałowice.

»Liebste, liebste Mutti,
die Nachricht von Dir habe ich erhalten. Mutti, mach Dir keine Sorgen um mich, weil ich bin gesund und – Gott sei Dank – bin ich auch kräftig. Meine Lunge sind ganz in Ordnung.
Mir fehlt etwas Geld. Du kannst mir schicken, auf welche Weise Du willst.
Du, Mutti, für Geld kann ich alles kaufen.
Auf Wiedersehen.
1000 Küsse Jurek«

Die Bemerkung, die Lunge sei »in Ordnung«, bezieht sich auf eine Lungenentzündung, an der Jurek im Alter von dreizehn Jahren einmal erkrankt war. Seitdem haben die Eltern Sorge, das Leiden könne wieder ausbrechen.

Ab November wird es bitter kalt im Lager. Um sich vor der Kälte zu schützen, steckt sich Jerzy Bielecki zusammengeklaubte Papierfetzen unter die Jacke.
Eines der größten Probleme jedoch ist der anhaltende Vitaminmangel. Immer mehr brechen zusammen. Der Hunger wird nicht nur zur Qual, er wird zur Lebensbedrohung. Kein Wunder, daß sich Jurek, ohne zu zögern, meldet, als ein SS-Mann Freiwillige für ein »Sonderkommando« zusammentrommelt. Zehn Häftlinge werden benötigt. Als Belohnung winkt jedem eine Extraportion Brot.
Zuerst werden sie, eskortiert von der SS, durch das Lagertor geführt, dann rechtsherum am Krematorium vorbei. Nach einer Weile stoppt der Zug. Vor einem Stacheldrahtzaun stehen wartende SS-Männer; dahinter liegt ein Leichenberg. Aus einzelnen Wunden der Toten rinnt Blut. »Sie müssen gerade erst erschossen worden sein«, registrieren die schockierten Häftlinge, da werden sie auch schon angebrüllt: »Los, schnell, schnell, ladet den Dreck auf, und schafft ihn weg!«
Erst Schläge lösen die Gefangenen aus ihrer Erstarrung.
Jurek packt eine Leiche an den Schultern. Der Körper ist schwer und Jurek entkräftet. Verzweifelt zerrt er an ihm, ergreift den Arm und zieht. Immer wieder schlägt der Kopf des Toten auf dem Asphalt auf. Jurek wird übel, und er befürchtet, unter der Last ohnmächtig zu werden.
Mühsam schafft er den Körper auf den bereitstehenden Karren. Wankt erneut zu dem blutigen Haufen gestapelter Toter. Holt sich den nächsten. Als alle Leichen aufgeladen

sind, rollen die Häftlinge sie ins Krematorium und erhalten ihre Extraration.
Dann geht es zurück zum Kommando, das auf dem Wirtschaftshof Holz stapeln muß. Wieder durch das Tor. Wieder mit Gesang.

Wir sind jung, die Welt ist offen,
oh, du weite, schöne Welt.
Unser Sehnen, unser Hoffen
ziehn hinaus in Wald und Feld.

Laß uns schweifen im Gelände
über Täler, über Höhn,
wo sich auch der Blick hinwende,
wir sind jung, und das ist schön.

Die vierzig Männer, deren Leichen an diesem Tag im Krematorium eingeäschert werden, sind Opfer der ersten Hinrichtung durch Erschießen, die in Auschwitz stattgefunden hat. Ihre Namen sind vom »Reichsführer SS«, Heinrich Himmler, persönlich ausgewählt worden – als Rache für angebliche Gewalttaten und Überfälle auf Polizeibeamte in Katowice. Das Exekutionskommando bestand aus zwanzig Männern der SS-Totenkopf-Wachsturmkompanie und wurde von Lagerführer Karl Fritzsch geleitet.
Später beim Appell warnt er alle Häftlinge davor, einen Fluchtversuch zu unternehmen. Die Folge sei, daß einige Einwohner der Ortschaft, aus welcher der Gefangene stamme, hingerichtet würden.
An diesem Abend kommt Staszek vorbei. Er hat keine guten Nachrichten. Edek, der Freund aus Michałowice, habe beim Appell mehr tot als lebendig ausgesehen. Jetzt hätten sie ihn in den Krankenbau geschafft.

Dorthin zu gelangen ist nicht leicht. Den einfachen Häftlingen ist der Zugang streng untersagt. Doch Staszek ist mit einem Gefangenen befreundet, der hier zum Wachdienst abkommandiert ist. Abends läßt Romek die beiden Freunde heimlich hinein.
In den dreistöckigen Betten liegen die Röchelnden und Ohnmächtigen zu zweit auf einer Pritsche. Nach einer Weile entdecken Jurek und Staszek den fiebrigen Edek. Schwer geht sein Atem, ständig unterbrochen von Hustenanfällen.
Sie versprechen dem Gefährten, Essen zu besorgen. Doch der kann schon keine Nahrung mehr aufnehmen. Er will nur trinken, seine Essensration überläßt er den beiden Besuchern.
Als dic zwei am nächsten Tag mit einer Tasse Ersatzkaffee wiederkommen, ist der Platz, auf dem am Tag zuvor noch Edek gelegen hatte, bereits leer. Der Freund ist tot. Gerade einmal ein knappes halbes Jahr hat Edmund Bubka das deutsche Konzentrationslager Auschwitz in Oberschlesien überlebt.
Er wurde nur achtzehn Jahre alt.

»Meine Liebste Mutti, Papa, Lesiu, Krzysiu und Loluniu.
Letztes Brief von Euch von 3–10–40 habe ich schon erhalten, für was danke Euch vielmals. Ich habe mich sehr erfreut, dass Ihr alle gesund seid und zu Hause bleibt. Ich denke hier in jeder Zeit nach Euch und eine Nachricht von Euch macht mir immer die größte Freude.
Ich bin Euch sehr dankbar, dass habt Ihr mir 20 Złoty geschickt. Danke sehr auch für Grüsse von Tanten, Großmutti und Onkeln. Ich denke auch sehr oft nach Ihnen. Hier im Lager fühle ich mich zu dieser Zeit wohl und bin auch gesund. Nur mit der größte und tiefste Sehnsucht warte ich

auf die Weile, in welcher werde Euch wieder ansehen. Doch hoffe ich, dass dieser Zeit nicht weit ist. Meine Liebe zu Euch, Mutti, Papa und Brüder ist immer die größte. In vorletztem Brief habe ich keine Photographie erhalten, weil das nicht gestattet ist. Ihr sollt mir schreiben, was für Photographie habt Ihr mir geschickt. Ihr sollt zu mir sehr viel und oft schreiben, wie geht es zu Hause, wie lebt Ihr in Michałowice und alles, was macht mir hier die größte Freude. Ich übersende Euch jetzt viele, viele süße Küsse und viele herzlichste Umarmunge.
Ich küsse Euch alle noch einmal:
Jurek
Grüße und Küsse für Familie und Kameraden«

Anfang Dezember erhalten die Häftlinge endlich Schuhe, gestreifte Mäntel und Mützen, Socken und Handschuhe. Ein paar Tage zuvor hatten sie sogar Ohrenschützer bekommen. Das hilft ein wenig gegen die Kälte und beendet auch die Diebstähle unter den Gefangenen. Seit die Kälte eingesetzt hat, ist es immer häufiger vorgekommen, daß verzweifelte Häftlinge ihre Leidensgenossen bestohlen haben, um sich selber besser gegen den Frost schützen zu können.
Nur daß er nun seine eigenhändig im Lager geschusterten Schuhe abgeben und gegen klobige Holzpantinen eintauschen muß, bedauert Jerzy.

Es ist ein seltsamer Anblick: Mitten auf der »Lagerstraße« steht ein zehn Meter hoher Tannenbaum. »Groß, grün, geradezu majestätisch«, findet Jerzy Bielecki und muß unweigerlich an die Familie in Michałowice denken und die Weihnachtsfeste der Vergangenheit, die in dem katholischen Elternhaus immer den Höhepunkt des Jahres darstellten.
Es ist der 23. Dezember, und die Nationalsozialisten zeigen

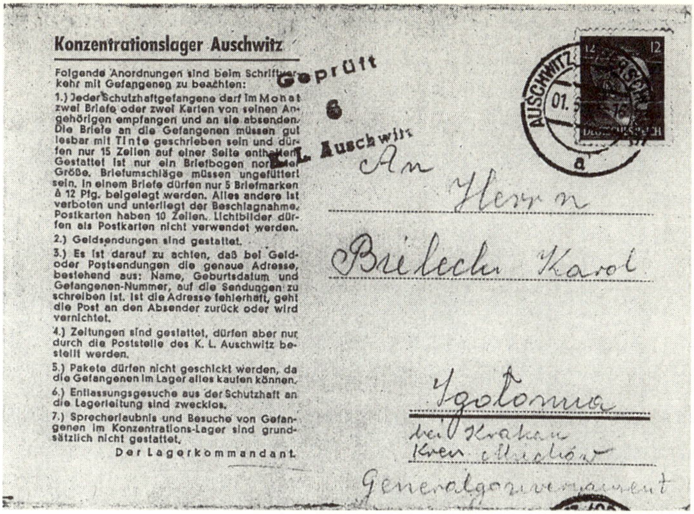

Konzentrationslager Auschwitz

Folgende Anordnungen sind beim Schriftverkehr mit Gefangenen zu beachten:

1.) Jeder Schutzhaftgefangene darf im Monat zwei Briefe oder zwei Karten von seinen Angehörigen empfangen und an sie absenden. Die Briefe an die Gefangenen müssen gut lesbar mit Tinte geschrieben sein und dürfen nur 15 Zeilen auf einer Seite enthalten. Gestattet ist nur ein Briefbogen normaler Größe. Briefumschläge müssen ungefüttert sein. In einem Briefe dürfen nur 5 Briefmarken à 12 Pfg. beigelegt werden. Alles andere ist verboten und unterliegt der Beschlagnahme. Postkarten haben 10 Zeilen. Lichtbilder dürfen als Postkarten nicht verwendet werden.

2.) Geldsendungen sind gestattet.

3.) Es ist darauf zu achten, daß bei Geld- oder Postsendungen die genaue Adresse, bestehend aus: Name, Geburtsdatum und Gefangenen-Nummer, auf die Sendungen zu schreiben ist. Ist die Adresse fehlerhaft, geht die Post an den Absender zurück oder wird vernichtet.

4.) Zeitungen sind gestattet, dürfen aber nur durch die Poststelle des K. L. Auschwitz bestellt werden.

5.) Pakete dürfen nicht geschickt werden, da die Gefangenen im Lager alles kaufen können.

6.) Entlassungsgesuche aus der Schutzhaft an die Lagerleitung sind zwecklos.

7.) Sprecherlaubnis und Besuche von Gefangenen im Konzentrations-Lager sind grundsätzlich nicht gestattet.

Der Lagerkommandant.

Geprüft
6
K. L. Auschwitz

AUSCHWITZ
a

An
Herrn
Brilech Karol
Igołomia
bei Krakau
Kreis Miechów
Generalgouvernement

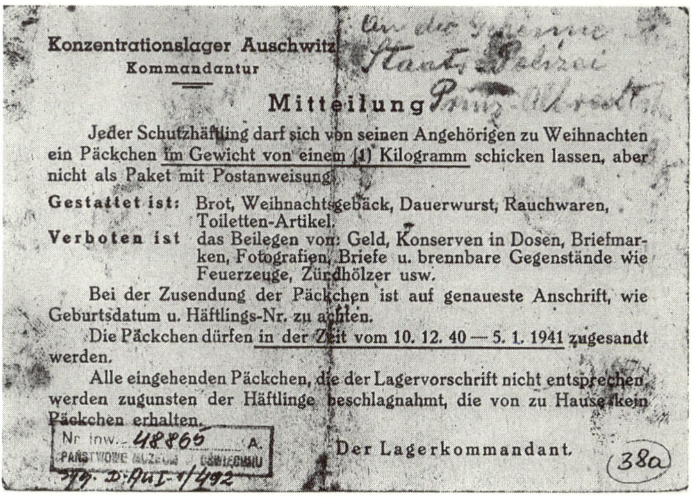

Konzentrationslager Auschwitz
Kommandantur

Mitteilung

Jeder Schutzhäftling darf sich von seinen Angehörigen zu Weihnachten ein Päckchen im Gewicht von einem (1) Kilogramm schicken lassen, aber nicht als Paket mit Postanweisung.

Gestattet ist: Brot, Weihnachtsgebäck, Dauerwurst, Rauchwaren, Toiletten-Artikel.

Verboten ist das Beilegen von: Geld, Konserven in Dosen, Briefmarken, Fotografien, Briefe u. brennbare Gegenstände wie Feuerzeuge, Zündhölzer usw.

Bei der Zusendung der Päckchen ist auf genaueste Anschrift, wie Geburtsdatum u. Häftlings-Nr. zu achten.

Die Päckchen dürfen in der Zeit vom 10. 12. 40 — 5. 1. 1941 zugesandt werden.

Alle eingehenden Päckchen, die der Lagervorschrift nicht entsprechen, werden zugunsten der Häftlinge beschlagnahmt, die von zu Hause kein Päckchen erhalten.

Der Lagerkommandant.

38a

plötzlich Gefühle. Nach dem Abendessen überreichen sie jedem Häftling ein Paket. Mit zitternden Händen öffnet Jerzy Bielecki das braune Packpapier und findet ein Stück Weißbrot, etwas Speck, eine Zwiebel und Käse. Dazu gibt es ein Hörnchen mit Marmelade und Pfefferkuchen. Doch was dem jungen Mann fast Tränen der Rührung in die Augen treibt, ist eine scheinbar liebevoll in weißes Papier gewickelte Oblate.

Am nächsten Tag werden zwar alle wie immer zur Arbeit getrieben, und fast scheint es, als reagierten die Kapos gereizter und brutaler als sonst. Doch schon um vierzehn Uhr ertönt der Gong, die Arbeit wird beendet, und die SS-Mannschaften verschwinden. Am Christbaum im Lager gehen bunte Lichter an.

Auch das Abendessen ist üppiger als sonst, trotz der am Vortag verteilten Pakete. Die Häftlinge können die Großzügigkeit ihrer Peiniger kaum begreifen: Es gibt braune Suppe, Brot mit Margarine und Pferdewurst. Später kommt Staszek zu dem »feinen Essen« bei Jurek vorbei. Der Stubenälteste drückt ein Auge zu, und so sitzen die beiden Freunde im Block 3 und feiern ausgelassen ihr Weihnachtsfest.

»Reich mir mal den Kaviar«, albert Staszek.

»Warte, ich muß erst die Flasche Cognac öffnen«, antwortet Jurek.

Dann singen sie bis spät in den Abend gemeinsam Weihnachtslieder und müssen auch an Ignacy Respekta und Józef Waszko denken.

Seit Wochen haben sie von den beiden nichts mehr gehört.

Ohne die ständige Verpflegung durch Staszek hätte Jurek den Winter nicht überstanden. Davon ist er jedenfalls überzeugt. Mehrmals hat er Durchfallerkrankungen gehabt, und einmal sind seine Beine bedrohlich angeschwollen. Dazu ist es eisig kalt geworden im Lager. Täglich mußte meterhoher Schnee geschippt werden.
Jetzt, es ist bereits März, beginnen die ersten wärmeren Tage. Auch hat Jurek eine etwas angenehmere Arbeit bekommen. Im Januar war das Kommando auf dem Holzhof aufgelöst worden, es folgten verschiedene andere Arbeitseinsätze. Jetzt muß er in den Pferdeställen arbeiten. Von den Kartoffeln, die den Tieren zugedacht sind, nehmen sich die Häftlinge, was sie brauchen können. Als weitere Annehmlichkeit kommt hinzu, daß der Arbeitsplatz überdacht ist.
Und doch mischt sich Wehmut in die Erleichterung, den ersten Winter in Auschwitz halbwegs unbeschadet überstanden zu haben. Staszek ist weg. Mit einer Gruppe von Häftlingen ist er eines Tages abtransportiert worden. »Neuengamme« wurde den Häftlingen als Zielort genannt, das Konzentrationslager in der Nähe von Hamburg.
Jetzt fühlt sich Jurek unendlich allein – Edek ist gestorben, Staszek hat das Lager verlassen, und über die anderen beiden, Józef und Ignacy, weiß niemand etwas Genaues. Gerüchte kursieren, Józef leiste in den Buna-Werken Zwangsarbeit.
Vielleicht traut er sich nicht, sich zu melden, denkt Jerzy, weil er Schuldgefühle hat wegen seiner Kontaktaufnahme zu Dobrowolski, dem Spitzel. Vorwürfe hat er dem Freund deswegen allerdings nie gemacht.

»Auschwitz, den: 23. 03. 1941.
Liebste Mutti, Vatti, Lesiu, Krzysiu und Loluniu.
Den letzte Brief seit 16. 03. 41 habe ich von Euch schon erhalten. Das hat mich sehr, sehr erfreut, daß bei Euch geht alles sehr gut, und dass Ihr alle gesund zu Hause bleibt. Das Geld, welches habt Ihr mir geschickt, habe ich auch erhalten. Für diese Verwendung bin ich Euch herzlich dankbar. Das hat mir große Überraschung und Freude getan, dass Onkel Staszek hat schon die zweite Töchterlein. Ich bin, Gott sei Dank, ganz gesund und kräftig. In jeder Weile, in jeder Stunde und in jedem Tage denke ich immer an Euch, Mutti, Vatti und Brüdern und freue mich sehr, dass vielleicht in diesem Jahre werden wir wieder zusammen! Herzliche Grüsse und Umarmunge für ganze Familie und Kameraden, und für Euch, liebste Mutti, Papa, Brüdern und für Großmutti Bielecka tausende, starke Küsse.
Jurek
P. S. Herzlichste Osterwünsche für Euch und für ganze Familie.

Meine Anschrift: Schutzhäftling, Pole
Name: Bielecki, Georg
geboren am: 28. 03. 1921
Gef.-Nr. 243, Block 3, Stube 4,
Konz.Lag. Auschwitz, Postamt 2«

Im Sommer verbessern sich Jureks Lebensbedingungen ein wenig. Irgendwann taucht ein Kapo beim Stubenältesten auf. Er brauche zwei Mechaniker, meint er und raunt, die Arbeit sei wirklich gut.
Jurek steht etwas abseits und schnappt auf, worüber die beiden reden. »Ich bin ein guter Mechaniker, Herr Arbeitsdienst«, lügt der Gymnasiast forsch. Doch seine Hoff-

nung schwindet, als sich ältere, »richtige« Mechaniker melden.
Erst die zweite erforderliche Qualifikation, »gute Deutschkenntnisse«, verschafft ihm den erhofften Job.

Am folgenden Tag meldet er sich beim Kommandanten der Mühle Babitz, eines Betriebs außerhalb des Lagers, der aber zum KZ-Komplex gehört. Ein Teil des Mehls, das in dieser Mühle produziert wird, dient der Versorgung des Konzentrationslagers. Ein anderer Teil wird an die Polen in der Umgebung verkauft.
Der erste Eindruck ist überwältigend. Die Häftlinge, die Jerzy Bielecki hier in der Mühle erblickt, begrüßen ihn freundlich. Ungezwungen gehen sie ihrer Arbeit nach und plaudern dabei ohne Angst. Geleitet wird das Kommando von Unterscharführer Paul Mäßner.
»Du bist also der Mechaniker«, sagt er und kommt auf Bielecki zu.
»Jawohl, Herr Scharführer.«
»Hast du denn schon einmal in einer Mühle gearbeitet.«
»Nein, Herr Kommandoführer.«
Geschmeichelt lächelt der SS-Mann. »Die Arbeit ist nicht schwer. Morgens muß der Motor angeworfen werden. Dann wird der Ölstand gemessen. Du mußt darauf achten, daß die Maschine immer gut geschmiert ist. Komm mit, ich werde dir alles zeigen!«
Anfangs erscheinen die fremden Geräte etwas kompliziert, doch nach einer Weile glaubt Bielecki, das System verstanden zu haben. Sorgsam prägt sich der »Mechaniker« alle Hebel, die zu bedienen sind, ein. Und auch der SS-Mann blickt zufrieden auf seine neue Arbeitskraft.
Nach den Demütigungen der vergangenen Monate, der Konfrontation mit den SS-Sadisten im »Stammlager«, mit

Mangel und Tod fühlt sich Jerzy gänzlich unvermutet »wie im Paradies«. Daß es noch so etwas wie menschliche Regungen unter den Deutschen gibt – er hat es aufgegeben, daran zu glauben.
Bei Mäßner fühlt er sich nun wie in einem »Familienbetrieb«. So groß ist die Dankbarkeit, auch einmal »anständig« behandelt zu werden.
In der Mühle Babitz ist es ein wenig so wie im normalen Leben. Der Irrsinn des Lagers – hier ist er zum ersten Mal nicht zu spüren. Alle sind freundlich: die vier »einfachen« Arbeiter und auch die zwei Experten aus Warschau. Jurek ist der siebte Häftling in der Mühle. Eingesetzt als »Mechaniker, Konservator«.
Wenn er aus dem Fenster des Maschinenraums schaut, sieht er Bäume und etwas weiter entfernt Felder. Um die Mühle herum stehen die einfachen Häuser der Einheimischen. Als existiere das Inferno ganz in der Nähe nicht, sind die Fenster liebevoll mit Gardinen verhängt, und auf den Balkonen beginnen die Blumen aufzublühen. Vor den Häusern spielen zuweilen fröhliche Kinder. Von den Lagerbaracken hingegen ist nichts zu sehen. Statt dessen rumpelt ab und zu in sicherer Entfernung ein Pferdewagen vorbei, der die Bauern zur Arbeit bringt.

Eines Morgens steht eine junge Frau in einiger Entfernung vor der Mühle und gibt mit den Händen ein Zeichen. Jurek blickt irritiert aus dem Fenster. Neben ihm steht Jorg, ein anderer Häftling.
»Das ist Helenka«, erklärt Jorg, »wir nennen sie Helli.«
»Was will sie?«
»Das weißt du nicht?« Jorg lächelt bedeutsam. »Sie hilft uns. Manchmal bringt sie uns Butter, Schmalz, Zucker oder Marmelade. Aber auch Medikamente, wenn wir sie bestel-

Helena (»Helenka«) Dominikowska, geborene Sedenko, in den siebziger Jahren

len, und Zigaretten. Sie kommt immer am Vorabend des Tages, an dem das Paket deponiert wird, und informiert uns.«

Jurek kann es nicht fassen. Mit offenem Mund folgt er den Ausführungen des Kameraden.

»Hast du dich nie gefragt, woher das Fett und die Klöße in der Suppe kommen? Ist dir nicht aufgefallen, daß wir hier rauchen können und Arzneimittel haben?«

Helenka Sedenko ist sechzehn Jahre alt. Mit ihren Eltern wohnt sie in der Nähe der Mühle, der Vater arbeitet in einem Magazin der Genossenschaft »Piast«. Alle paar Tage schnüren die Eltern für die Gefangenen ein Paket und schikken die Tochter und deren Freundin Irena Sawicka, die Deutsch spricht, los, um es in einem Versteck für die Häftlinge zu hinterlegen.

So auch an diesem Tag. Stanisław, einer der Gefangenen, verläßt die Mühle für kurze Zeit und steuert eine in der Nähe gelegene Treppe an. Dort, unter den Stufen, befindet sich das Depot. Dann nimmt er das Paket und kehrt zurück. Alle in der Mühle wissen von der verbotenen Versorgung: Mäßner und auch die deutschen Vorarbeiter. Der Unterscharführer bestellt sogar regelmäßig bei den Sedenkos seine Lieblingszigaretten. Nur kurz vergewissern sich die Deutschen jedesmal, daß keine Waffen eingeschmuggelt werden, dann lassen sie die Häftlinge mit ihrer Lieferung allein.

Manchmal gibt es sogar Wodka. Und gelegentlich stellen sich die Sedenkos als Kuriere zur Verfügung, insbesondere, um Kassiber aus dem Todesblock 11 zu Angehörigen zu schmuggeln.

Langsam kommt Jurek zu Kräften. Der Lebensmut kehrt zurück. In ihm wächst die Überzeugung: »Wenn ich es

schaffe, hierzubleiben, kann ich das Lager überleben.« Vor Mäßner muß er sich nicht fürchten. Der Mann, glaubt Jurek, »liebt seine Arbeit«. Gelegentlich stehen die beiden zusammen und unterhalten sich, über Krakau und das Gymnasium, aber auch über Jureks Zukunftspläne. Der Unterscharführer zeigt sich interessiert an seinem Häftling. Und der kann sein Glück, an einen SS-Mann »mit menschlichem Charakter« geraten zu sein, immer noch kaum fassen.
Nur abends müssen auch die Häftlinge, die in der Mühle Babitz arbeiten, zurück in die Baracken des Lagers. Morgens werden sie dann, nach dem Appell, wieder hinaus zur Arbeit geführt.
Durch das Tor.

Schwarzbraun ist die Haselnuß,
Schwarzbraun bin auch ich, ja ich.
Schwarzbraun muß mein Madel sein,
gerade so wie ich!

Valleri, juviduvidi ha ha ha
Valleri, juviduvidi ha ha ha
Valleri, juviduvidi ha ha ha
Valleri juvi juvi di.

Eines Tages fehlt das versprochene und für die unterernährten Häftlinge lebenswichtige Paket. Panik breitet sich aus. Helenka gilt als zuverlässig. Irgend etwas muß also geschehen sein. Doch wie kann in Erfahrung gebracht werden, was schiefgelaufen ist? Einem kommt die Idee, mit einem leeren Eimer den Brunnen des nahen Sedenko-Hauses anzusteuern. Den Wachposten könnte man erzählen, in den Brunnen der Mühle sei eine Ratte gefallen, das Wasser folglich verseucht. Der Plan wird akzeptiert und Jurek als Ku-

rier auserkoren. SS-Unterscharführer Mäßner wird in das Unternehmen eingeweiht. Falls sich Probleme ergeben, soll er die Häftlinge schützen. Und Mäßner kooperiert. »Klar«, meint er nur lächelnd und schickt Jurek zu den Sedenkos.
Zuerst ist der Magazinarbeiter verunsichert, Jurek in Begleitung eines SS-Mannes im Hof stehen zu sehen, doch schnell begreift er, daß es hier nicht um das Wasser aus dem Brunnen geht.
Helenka sei am Morgen, als sie die Grenze zum KZ-Komplex überschritten habe, von einem Wachposten erwischt worden, berichtet er. Der Deutsche habe sie angebrüllt, ob sie nicht wisse, wo sie sei, und sie solle verschwinden. Daraufhin habe man die Aktion abblasen müssen.
Kurz beraten die beiden. Jerzy möchte Helenka nicht unnötig in Gefahr bringen. Deshalb verabreden sie, daß fortan ein Häftling mit einem leeren Wassereimer und »SS-Geleitschutz« aus der Mühle zu den Sedenkos kommen und das Paket in dem leeren Eimer verstecken soll. Die SS-Posten sind zu weit entfernt, um zu erkennen, ob sich tatsächlich Wasser oder etwas anderes in dem Eimer befindet.
Und tatsächlich geht der Plan auf. Von jetzt an begeben sich regelmäßig Häftlinge aus der Mühle zu Vater Sedenko und kehren mit Nahrungsmitteln, Zigaretten und Medikamenten zurück.

Am 22. Juni 1941, einem Sonntag, ertönt um fünf Uhr dreißig die Stimme Joseph Goebbels' im Radio. Er verliest eine Erklärung Adolf Hitlers. »Ich habe mich heute entschlossen«, läßt dieser verkünden, »das Schicksal des Deutschen Reiches und unseres Volkes wieder in die Hände unserer Soldaten zu legen.«

Zu dieser Zeit donnern schon seit rund zwei Stunden die Geschütze. Das »Unternehmen Barbarossa« hat begonnen, der Überfall auf die Sowjetunion. Kiew wird bereits bombardiert, ebenso Kowno und Sewastopol. 152 deutsche Divisionen marschieren gegen die UdSSR – der größte Truppenaufmarsch in der Geschichte. Und im Gefolge der Wehrmacht rücken mobile Killerkommandos der SS nach Osten, die sich Einsatzgruppen nennen. Ihr Auftrag ist die Ermordung politischer Gegner und »rassisch Unerwünschter« – Auftakt zu einer Barbarei, die Goebbels später als den »totalen Krieg« bezeichnen wird.

Der massenhafte Mord ist von den Nazis längst einkalkuliert. So hieß es schon im Mai in den Richtlinien für die »Wirtschaftsorganisation Ost/Gruppe Landwirtschaft«, die sich um die zukünftige Besatzungspolitik zu kümmern hatte: »Viele 10 Millionen Menschen werden in diesem Gebiet überflüssig und werden sterben oder nach Sibirien auswandern müssen.« Die Bevölkerung »vor dem Hungertode zu retten« sei unmöglich, denn das unterbinde »die Durchhaltemöglichkeit Deutschlands im Kriege«.

Unmißverständlich ist auch, wie Hitler mit den politischen Kommissaren der Sowjetunion zu verfahren gedenkt. Be-

reits am 6. Juni wurde vom Oberkommando des Heeres der »Kommissarbefehl« an die für den Rußlandfeldzug vorgesehenen Einheiten übermittelt. »Im Kampf gegen den Bolschewismus«, heißt es dort, »ist mit einem Verhalten des Feindes nach den Grundsätzen der Menschlichkeit und des Völkerrechts nicht zu rechnen. Insbesondere ist von den politischen Kommissaren aller Art als den eigentlichen Trägern des Widerstands eine haßerfüllte, grausame und unmenschliche Behandlung unserer Gefangenen zu erwarten.« Konsequenz: »Sie sind daher, wenn im Kampf oder Widerstand ergriffen, grundsätzlich sofort mit der Waffe zu erledigen.«
Kurze Zeit später, das »Madagaskar-Projekt« hat sich durch die veränderte Kriegslage längst als nicht durchführbar herausgestellt, bereiten die Nazis vor, was sie etwas allgemein als »Endlösung« bezeichnen. Vollmacht für die Ermordung von Millionen soll der Chef des Reichssicherheitshauptamtes erhalten. Am 31. Juli 1941 unterzeichnet aus diesem Grund Reichsmarschall Hermann Göring den schriftlichen Auftrag an Reinhard Heydrich, »alle erforderlichen Vorbereitungen in organisatorischer, sachlicher und materieller Hinsicht zu treffen für eine Gesamtlösung der Judenfrage im deutschen Einflußgebiet in Europa«.
Parallel dazu wird in diesem Sommer 1941 Lagerkommandant Rudolf Höß – so wird er sich später jedenfalls erinnern – zum »Reichsführer SS«, Heinrich Himmler, nach Berlin befohlen. »Der Führer«, wird auch ihm nüchtern eröffnet, habe nun die »Endlösung der Judenfrage« befohlen. Und besonders geeignet sei als Vernichtungsstätte das von Höß geführte Konzentrationslager Auschwitz – »wegen der günstigen verkehrstechnischen Lage« und weil sich das Gelände gut absperren und tarnen lasse: »Die Juden sind die ewigen Feinde des deutschen Volkes und müssen ausgerottet

werden. Alle für uns erreichbaren Juden sind jetzt während des Krieges ohne Ausnahme zu vernichten. Gelingt es uns jetzt nicht, die biologischen Grundlagen des Judentums zu zerstören, so werden einst die Juden das deutsche Volk vernichten.«

Bereits am 24. Juni erreicht der deutsche Terror auch Łomża und damit Cyla und ihre Familie. Die Juden der Stadt werden zunächst aufgefordert, sich zur Arbeit zu melden. Doch wer dem Aufruf in dem Glauben, tatsächlich zur Arbeit eingesetzt zu werden, folgt, auf einem der Sammelplätze antritt und von den Deutschen auf Lastwagen verladen wird, kehrt nie wieder zurück.

Allein zwischen Juni und September werden dreitausendfünfhundert der insgesamt elftausend in Łomża lebenden Juden in nahe gelegenen Wäldern von den deutschen Einsatzgruppen erschossen. Ungeniert machen auch Polen und Ukrainer Jagd auf Juden. Sie plündern die Häuser und setzen viele später in Brand. Diejenigen, die die ersten Pogrome überleben, werden kurz darauf in einem Getto in der Stadt zusammengepfercht.

Verzweifelt fliehen viele Juden vor den Deutschen in die umliegenden Wälder, doch etliche werden von polnischen Kollaborateuren verraten. Andere versuchen sich Partisanentrupps anzuschließen – doch selbst von einzelnen Gruppen der polnischen Heimatarmee, der Armia Krajowa, heißt es, sie töteten jüdische Widerstandskämpfer.

Eines Tages wird auch die Familie Cybulski ins Getto geschickt. Anfangs sind die Deutschen sogar freundlich zu dem wohlhabenden Müller, suchen ihn gelegentlich auf, um Kaffee zu trinken, und bitten ihn, die Mühle weiterzuführen.

Doch nach einer Weile ändert sich der Ton, und fast beiläufig wird dem Herrn des Hauses mitgeteilt, er sei wohl »ein guter Leiter der Mühle und auch ein ordentlicher Mensch – aber du bist doch ein Jude«. Die Cybulskis müssen ihr Haus verlassen und haben gerade noch Zeit, einen Teil des Familiensilbers zu vergraben, auch Kristall und Meißner Porzellan. Andere Wertgegenstände verteilen sie unter den Dienstmädchen und verabreden ein Wiedersehen, wenn die schlimmen Zeiten vorüber sind.

Dann wird die ganze Familie abtransportiert: Mordechai und Fela, Cyla und ihre Geschwister Jakub, Nathan und die kleine Rebecca. Sie können nur das Nötigste mitnehmen und müssen sich fortan einen kleinen Raum teilen.

Das Getto, immerhin, schützt sie zunächst vor dem ungehemmten Blutrausch von Nachbarn und Nazis. Dennoch ist die Situation erbärmlich. Draußen patrouillieren deutsche Wachposten mit Maschinenpistolen und Hunden. Drinnen herrscht Chaos. Dicht gedrängt leben die Menschen in dieser Isolation, ohne ausreichende Lebensmittel, Kleidung oder Medikamente für den anstehenden Winter. Und nur wer Glück hat, findet eine Arbeit; Krankheiten breiten sich aus. Immer wieder werden Juden von den Deutschen auf dem Sammelplatz zusammengetrieben, fortgebracht und liquidiert.

Anfang Juli werden die ersten russischen Kriegsgefangenen ins Konzentrationslager Auschwitz eingeliefert, die meisten zu dem ausschließlichen Zweck, ermordet zu werden. Am 3. September 1941 wird die erste Massentötung durch Gas vollzogen.

In Abwesenheit des Lagerkommandanten Rudolf Höß hat SS-Hauptsturmführer Karl Fritzsch bereits ein paar Tage zuvor einige russische Kriegsgefangene in den Kellern des Blocks 11 mit dem Blausäurepräparat Zyklon B vergast, das im Lager zur Ungeziefervertilgung verwendet wird und des-

halb vorrätig ist. Die Entscheidung, zur Tötung Gas zu verwenden, hatte bereits Himmler im Gespräch mit Höß geäußert, unter anderem mit der Begründung, Erschießungen stellten eine »zu große Belastung für die SS-Männer« dar – insbesondere das Töten von Frauen und Kindern.
Nach diesen ersten Experimenten beschließt die Lagerleitung nun, das Gas systematisch einzusetzen. In seinen Erinnerungen berichtet Rudolf Höß später weiter: »Gemäß einem geheimen Führererlaß wurden in allen Kriegsgefangenenlagern die russischen Politruks und politischen Kommissare herausgesucht durch besondere Kommandos der Gestapo. Die Herausgefundenen wurden zur Liquidation dem nächstgelegenen KL überstellt.«
Am Anfang habe man die Eingelieferten »durch Exekutions-Kommandos der Truppe erschossen«. So sind bereits im Juli 1941 einige hundert politische Kommissare der Roten Armee im Laufe mehrerer Tage in der Kiesgrube neben der Lagerküche ermordet worden – erschossen oder, wer die Schüsse überlebt hat, mit Knüppeln, Spaten und Hacken von Kapos erschlagen.

In die Kellerzellen des Blocks 11 werden zunächst zweihundertfünfzig selektierte Häftlinge aus dem Krankenbau gepfercht, dann verschütten SS-Männer die schmalen Fenster mit Erde. Später treiben sie rund sechshundert russische Kriegsgefangene, Offiziere und Volkskommissare, zu den Kranken in die Zellen. Zyklon B wird eingeworfen, und die Türen werden verschlossen.
Rudolf Höß selbst schaut sich den Mord – geschützt mit einer Gasmaske – an. »Der Tod«, schreibt er später, »erfolgte in den vollgepfropften Zellen sofort nach Einwurf. Nur ein kurzes, schon fast ersticktes Schreien, und schon war alles vorüber.«

Noch im selben Monat läßt die Lagerleitung den Leichenraum des Krematoriums im Stammlager in eine Gaskammer umrüsten. Neunhundert Personen kann sie fassen.
Schnell dringen Gerüchte über die Massentötung zu den anderen Häftlingen in Auschwitz. Jerzy Bielecki ist »bestürzt«. Trotz aller im Lager erfahrenen Grausamkeiten übersteigt die planmäßige Vergasung der eigentlich durch das Kriegsrecht geschützten gefangenen Soldaten seine Vorstellungskraft. Anfangs mag er kaum glauben, was man sich in den Blocks zuraunt.
Von überall her werden nun, Transport für Transport, Kriegsgefangene ins Lager eingeliefert. Im Lager selbst entsteht eine separate Zone für die Russen, abgetrennt vom Rest durch doppelten Stacheldraht. Ein KZ im KZ.
Die Männer machen einen bemitleidenswerten Eindruck. Viele sind so geschwächt, daß sie kaum stehen können. Über die Zustände in dem abgesonderten Lager notiert der Häftling Wiesław Kielar: »Die Leichenträger konnten mit dem Wegschaffen der Toten nicht mithalten, daher wuchsen vor jedem der Blocks riesige Leichenberge, die auf die schreckliche Sterblichkeit der Kriegsgefangenen hindeuteten. Wie eine Ironie mutete es an, daß die Lagerbehörden dort mit der Errichtung eines Krankenbaus begannen.«
Jurek wird, weil Platz geschaffen werden muß, in einen anderen Block verlegt: in Block 8.

Und weil nun langsam im »Stammlager« der Platz bedrohlich knapp geworden ist, wird in Birkenau, nur drei Kilometer von Auschwitz entfernt, damit begonnen, Bauernhöfe niederzureißen. Es soll ein Kriegsgefangenenlager von bisher nicht gekannten Dimensionen entstehen. Anfangs wird geplant, hunderttausend Menschen in Auschwitz-Bir-

kenau gefangenzuhalten, später gar in Erwägung gezogen, hier zweihunderttausend Häftlinge unterzubringen.
Die Arbeitsbedingungen sind besonders hart. Die unterernährten Kriegsgefangenen müssen in einsetzender Kälte den morastigen Grund trockenlegen. Viele von ihnen kommen bei der Arbeit ums Leben. Zuständig für die Russen ist als erster »Schutzhaftlagerführer« SS-Hauptsturmführer Fritz August Seidler, dem der Ruf vorauseilt, er habe einen Hang zu sadistischen Praktiken. Wie der Sachse, Mitglied der SS schon seit März 1933, mit den Häftlingen umzugehen pflegt, kann Jurek eines Tages beim Morgenappell aus den Augenwinkeln beobachten. Es ist kalt und noch stockdunkel, als die Kriegsgefangenen morgens zwischen vier und fünf in langen Reihen auf den Abtransport zur Arbeit warten. Nur das spärliche Licht der Glühbirnen fällt auf ihre fahlen Gesichter.
Plötzlich hört Jurek Schüsse. Sie kommen aus den Blocks der Russen. Unklar kann er einen Haufen nackter Männerkörper ausmachen, die auf dem Boden liegen. In der Kälte dampfen die Leiber. Um sie herum stehen zwei oder drei Wachmänner in ihren adretten Uniformen und begießen den Haufen mit eiskaltem Wasser.
Hier und da regen sich noch Lebenszeichen. Hastig springt Seidler herbei, zieht seine Pistole und schießt.

Jurek wird derweil von den Polen aus der Umgebung des Lagers nicht schlecht versorgt. Mal stecken die Sedenkos den Häftlingen warme Socken, Schals und Pullover zu, mal Medikamente und Lebensmittel. Woher das alles komme, fragt Jerzy einmal und erfährt zu seiner Überraschung, daß viele Menschen im Dorf für die »Auschwitzer« sammeln. Später berichtet Helenka Sedenko, daß ein Arzt im Ort, Doktor Kosowski, die Medikamente besorgt habe und daß die Eisenbahner Malicki und Kaczor mehrmals nach Krakau gefahren seien, um Medikamente einzukaufen. Als Dank für die Hilfe erhält Helenka von den Häftlingen kleine Geschenke: eine im KZ hergestellte Schatulle und aus Brot gefertigte Schuhe.

Doch der Winter 1941/42 wird bitter kalt. Massenhaft sterben die Häftlinge, die auf den Feldern, Baustellen oder in den Kiesgruben dem unbarmherzigen Frost ausgesetzt sind. Schon wird in Birkenau ein neues Krematorium gebaut. Weil die SS mit dem Verbrennen nicht nachkommt, werden Gräben ausgehoben und darin die Leichen verscharrt.

Tadeusz Srogi, der junge Mann mit dem Tarnnamen »Filip«, den die Gestapo in Sanok auf der Straße verhaftet hatte und der mit Jerzy Bielecki gemeinsam in Tarnów eingesperrt und nach Auschwitz deportiert worden war, hat die ersten schrecklichen Monate ebenfalls überlebt. Wie Jurek hat er es geschafft, in Kommandos zu kommen, in denen nicht allzu schwere Arbeit verrichtet werden muß.

Besonderes Glück jedoch hat Srogi im Dezember 1941, als er in die Kleiderkammer der SS versetzt wird. Hier erfährt auch er eine erträgliche Behandlung, und er ist vor der Kälte geschützt.

Häufig kommen SS-Leute und lassen sich von dem Häftling die Uniformen ausbessern. Der lernt schnell und erkennt oft schon nach einem flüchtigen Blick, wer welche Kleidergröße hat. Gelegentlich halten die Deutschen einen Plausch mit ihm, einem der »prominenten Häftlinge«, wie die Gefangenen des ersten Transports im Lager genannt werden.

Während in Auschwitz Mord längst Normalität geworden ist und der Massenmord gerade eingeübt wird, treffen sich am 20. Januar 1942 die Strategen der »Endlösung« in der Villa Am Großen Wannsee 56–58. Reinhard Heydrich,

Vertreter Heinrich Himmlers und Leiter des Reichssicherheitshauptamtes, hatte die Staatssekretäre der wichtigsten Reichsministerien nach Berlin geladen. Es geht um die Erörterung von Details.

»An Stelle der Auswanderung«, hebt der Beauftragte für die Massenvernichtung an, sei »nunmehr als weitere Lösungsmöglichkeit nach entsprechender vorheriger Genehmigung durch den Führer die Evakuierung der Juden nach dem Osten getreten«.

Zunächst sollten die Juden dort zur Arbeit gezwungen werden. Heydrich: »In großen Arbeitskolonnen, unter Trennung der Geschlechter, werden die arbeitsfähigen Juden straßenbauend in diese Gebiete geführt, wobei zweifellos ein Großteil durch natürliche Verminderung ausfallen wird.«

Der Arbeit soll der Mord folgen. In der darwinistischen Logik der Rassenfanatiker: »Der allfällig endlich verbleibende Restbestand wird, da es sich bei diesem zweifellos um den widerstandsfähigsten Teil handelt, entsprechend behandelt werden müssen, da dieser, eine natürliche Auslese darstellend, bei Freilassung als Keimzelle eines neuen jüdischen Aufbaues anzusprechen ist.«

Bei Kaffee und Cognac besprechen die Herren in der Berliner Villa nun die Einzelheiten der Vernichtung. Zum Teil wird auf der Sitzung wild »durcheinandergesprochen«, wie sich der »Judensachverständige« Adolf Eichmann später vor Gericht in Israel erinnert. Es geht nicht zuletzt um die Frage, wer zur Vernichtung bestimmt ist.

Heydrich möchte »Halbjuden« ermorden lassen, »Vierteljuden« jedoch wie Deutsche behandeln. Staatssekretär Wilhelm Stuckart aus dem Innenministerium plädiert für die Zwangssterilisation von »Mischlingen«. SS-Gruppenführer Otto Hofmann aus dem »Rasse- und Siedlungshauptamt«

meint, man solle sie vor die Wahl stellen, entweder sterilisiert oder deportiert zu werden.
Zwar können diese Fragen in der Wannseevilla nicht endgültig geklärt werden, doch Heydrich verläßt die Sitzung geradezu euphorisch. Eichmann berichtet über das Treffen, Heydrich habe »mit Stolpersteinen und Schwierigkeiten gerechnet«, statt dessen sei er nicht nur auf »Zustimmung von seiten der Teilnehmer, sondern mehr noch auf eine Zustimmung von unerwarteter Form« gestoßen. Darauf gönnt sich der RSHA-Chef, sonst eher als Asket bekannt, ein Gläschen Cognac.
»Im Zuge dieser Endlösung der europäischen Judenfrage«, vermerkt das Protokoll, »kommen rund 11 Millionen Juden in Betracht.« Es folgt eine detaillierte Aufstellung, die bereits unbesiegte Länder wie England oder Irland, neutrale wie Schweden oder die Schweiz und auch Francos Spanien und Mussolinis Italien einschließt. Juden »über 65 Jahre« sollen in ein »Altersghetto – vorgesehen ist Theresienstadt –« überstellt werden.

Es soll nicht viel Zeit vergehen, da wird, was die »Wannseekonferenz« beschlossen hat, in Auschwitz umgesetzt. Im Februar erreichen vierhundert Juden, die der SS-Brigadeführer und Polizeichef von Breslau, Albrecht Schmelt, zuvor als »arbeitsuntauglich« selektiert hat, das Lager. Bevor die Gruppe eintrifft, läßt die SS die Straßen des Geländes sperren und räumt Büros mit Blick auf das Krematorium. »Ein trauriger Zug«, beobachtet der SS-Mann Perry Broad, bewege sich »durch die Straßen des Lagerbereichs«. »Alle tragen große gelbe Judensterne an der armseligen Kleidung. Ihren verhärmten Gesichtern sieht man an, daß sie schon vieles durchgemacht haben.«
Während das Morden im Lager bisher kaum verschleiert

worden ist, bisweilen auch, zur Abschreckung, öffentlich praktiziert wird, versucht die Führung des Lagers, die Liquidierung der alten Juden geradezu schamvoll zu verbergen. Maximilian Grabner, Leiter der »Aktion«, läßt sogar einen LKW-Motor laufen, um die Todesschreie der Wehrlosen zu übertönen.

Da die »Sonderbehandlung« aus Sicht der SS »erfolgreich« verläuft, wird sofort beschlossen, in Birkenau ein großes Krematorium mit fünf »Dreimuffelöfen« zu bauen. In der Nordwestecke des neuen Lagers, das dann »Auschwitz II« genannt wird, liegt ein verlassenes Gehöft des Bauern Wiechuja. Im Innern seines »kleinen roten Hauses« werden zwei Gaskammern eingerichtet, die wenig später als »Bunker 1« in Betrieb gehen.

Immer häufiger schicken die Kollegen Jurek nun zum »Wasserholen«. Die Sedenkos begrüßen ihn mittlerweile wie einen alten Bekannten. Einmal nimmt ihn die Frau des Hauses mütterlich beiseite und meint: »Jurek, wenn du einen Brief an deine Familie schreiben willst, gib ihn mir ruhig. Wir werden ihn nach Michałowice transportieren.« Jurek treten Tränen in die Augen. Ein paarmal schon hat er an diese Möglichkeit gedacht, doch hätte er es nicht gewagt, die Familie um diesen für sie selbst gefährlichen Gefallen zu bitten.

Den Winter übersteht Jerzy Bielecki mit Hilfe der Sedenko-Pakete. Dennoch muß er Anfang 1942 in den Krankenblock. Anfangs will er die Behandlung verweigern. Zu groß ist die Angst, die Arbeit zu verlieren oder, das hört man jetzt immer häufiger, einfach zu verschwinden. Doch als das Fieber stärker wird, auch Schwindel und Übelkeit nicht nachlassen, fügt er sich dem Drängen der Kameraden, die ihm zureden, sich krank zu melden.

In dem Raum im Krankenblock stinkt es entsetzlich, nur wenig Luft dringt durch die Fensterspalten. Dicht gedrängt stöhnen die Kranken. Irgend jemand weist ihm eine schmale Pritsche zu. Dennoch scheint der Schritt zunächst richtig gewesen zu sein: Bereits nach vier Tagen sinkt das Fieber, und Jurek bekommt Besuch von den Freunden aus der Mühle Babitz. Wenig später erhält er – froh, alles heil überstanden zu haben – die Entlassungspapiere.

Doch dann taucht ein Deutscher auf. Jurek hält ihn für einen »Unteroffizier«.

»Wer ist das?« fragt der Mann und deutet auf ihn.

»Er hatte bloß eine Grippe und kann bald wieder gehen«, erklärt der Pfleger.

»Oh, wunderbar! Wir brauchen noch zwei Leute, ich nehme ihn gleich mit.«

Jurek erschrickt. Doch dem Befehl des Deutschen kann er sich nicht entziehen. Er folgt ihm in ein Nebengebäude. Dort begrüßt ein SS-Mann, weiß wie ein Arzt gekleidet, offenbar von höherem Dienstrang, die beiden.

»Einen haben wir schon, Herr Lagerarzt«, ruft der »Unteroffizier«, und Jurek gerät in Panik.

Dann inspiziert ihn der SS-Mediziner und erkundigt sich nach diversen Krankheiten – ob er schon dieses oder jenes Leiden gehabt habe. Jurek beantwortet alle Fragen; dann reicht ihm einer der beiden einen Pyjama.

»Zieh den an!«

Jurek weigert sich. »Was soll das? Ich bin doch gesund. Herr Lagerarzt, ich möchte wieder arbeiten.«

Doch der herrscht ihn an: »Halt die Klappe, du Idiot.« Und verpaßt dem gerade genesenen Patienten eine Spritze.

In der Nacht verliert Jurek das Bewußtsein, und erst nach vier Tagen kommt er wieder zu sich. Er hat keine Ahnung, was mit ihm geschehen ist.

»Was machen sie mit mir?« fragt er bange einen Häftling, der als Pfleger arbeitet.
»Sie haben dich mit Typhus infiziert«, klärt ihn der junge Mann verlegen auf.
Noch einige Male fällt er völlig ermattet in Ohnmacht. Doch nach fünf Wochen hat die Tortur ein Ende. Jurek übersteht die schwere Krankheit und wird zurück ins Leben und ins Lager entlassen. Welchen Sinn das Experiment des Mediziners gehabt haben soll, weiß er nicht.
Wenigstens erfährt er später den Namen seines Peinigers: Friedrich Karl Hermann Entress, SS-Hauptsturmführer; 1914 in Posen geboren und seit 1939 in der SS. Ein Arzt, der bereits in den Konzentrationslagern Groß-Rosen und Sachsenhausen »experimentiert« hatte, bevor er im Dezember 1941 nach Auschwitz kam.
Entress führt mit seinen Ärztekollegen Helmuth Vetter, Eduard Wirths und Fritz Klein pharmakologische Versuche durch. Ziel ist die Erforschung neuer Medikamente, die Bezeichnungen wie »Be-1012«, »Be-1034« oder »3582« tragen.
Als Jerzy Bielecki wieder in der Mühle erscheint, empfangen ihn die Gefährten herzlich – »als wäre ich aus einer anderen Welt zurückgekommen«. Längst haben sie in Erfahrung gebracht, daß Jurek im berüchtigten »Typhusblock« gelandet war. Doch Besuche sind in dem hermetisch abgeriegelten Gebäude streng untersagt. Und so ist ihnen in den vergangenen Wochen nur die vage Hoffnung geblieben, daß der Freund die schwere Zeit bei Entress überleben würde.
Als Jurek das erste Mal wieder bei der Familie Sedenko auftaucht, hat die Frau Tränen in den Augen. Sofort wird Mutter Bielecka informiert. Alles hat sich zum Guten gewendet. »Gott sei Dank.«
Dann kann auch Jurek wieder einen Brief an seine Eltern

schicken. Die Familie ist inzwischen in das kleine Städtchen Igołomia, nicht weit entfernt von Krakau, gezogen, wo der Vater einen neuen Posten als Gemeindesekretär gefunden hat. Die gerade überstandene Krankheit darf in dem »offiziellen« Brief mit keiner Silbe erwähnt werden.

»Liebste Mutti, Vatti, Lesiu, Krzysiu und Lolunio.
Es freut mich am meisten, dass Ihr alle seid gesund und bei mir ist alles in Ordnung. Nur sehne ich an Euch sehr tief und in jeder Weile denke an Euch alle. Aber immer habe ich die Hoffnung, dass bald werden wir wieder zusammen.
Herzliche Grüsse für die Familie und für alle Bekannten.
Für Euch tausende Küsse und Umarmungen.
Jurek
Auschwitz, 22-2-1942«

In Jureks Abwesenheit hat sich in der Mühle nicht viel geändert. Ein Kamerad ist zu einer anderen Arbeit abkommandiert worden. Sonst ist alles geblieben, wie es war. Nach einer Weile kommt Jerzy Bielecki wieder zu Kräften.

Irgend etwas stimmt nicht mit Helenka. Józef sieht sie schon seit einer Weile wie angewurzelt vor der Mühle stehen und in seine Richtung starren. Neben dem jungen Mädchen steht eine ältere Frau. Beide machen keine Anstalten fortzugehen – so, als warteten sie auf etwas.

»Guck dir das doch einmal an«, bittet er Jurek. »Was wollen die beiden wohl?«

Jurek geht in den ersten Stock der Mühle und steuert das Fenster an. Von hier oben hat man einen besseren Blick auf das Sedenko-Haus. Dann sucht er die beiden Gestalten.

Er braucht nicht lange, um zu begreifen. Die Frau, die dort neben Helenka wartet, ist seine Mutter.

Sie trägt einen leichten Sommermantel und einen Hut. Angestrengt blinzelt sie in die Sonne. Die Blicke der beiden treffen sich. Dann zerrt Helenka die Frau am Ärmel ihres Mantels ins Haus. Jurek hat das Zeichen verstanden; jetzt will die Polin kein unnötiges Risiko eingehen. Die zwei verschwinden aus Jureks Blickfeld.

Auf irgendeinem Weg muß er es schaffen, seine Mutter drüben im Haus zu treffen. Aber wie?

Der Weg zum Brunnen in Begleitung eines deutschen SS-Manns, zuvor schon so oft zwar gegangen, erscheint ihm in diesem Fall zu riskant. In dem Eimer sind immer auch Zigaretten für die Deutschen. Nun jedoch müßte sich der Wachmann gänzlich uneigennützig selber in Gefahr bringen. Außerdem könnte er befürchten, daß Jurek das Treffen mit der Mutter zur Flucht nutzt.

Es geht wohl nur mit Mäßner.

Doch wie wird der reagieren, wenn Jurek ihn von der Anwesenheit seiner Mutter in Kenntnis setzt?
Eine Weile läuft Jurek nervös durch die Mühle. Dann stößt er fast mit dem Unterscharführer zusammen.
»Jupp, was ist los?« fragt Mäßner. »Du hast doch etwas.«
Jureks Stimme zittert. Er hat sich vorgenommen, den SS-Mann einzuweihen. Jetzt kann er nicht mehr zurück. »Ich habe die vielleicht wichtigste Bitte meines Lebens«, stammelt er.
»Worum geht es denn?«
»Wenn Sie mir nicht helfen können, behalten Sie bitte mein Anliegen für sich.«
»Was hast du denn auf dem Herzen?«
»Meine Mutter ist gekommen. Und ich möchte sie gerne sehen.«
Mäßner zieht die Stirn kraus und die Augenbrauen nachdenklich zusammen. Einen Moment sagt er gar nichts.
»Vielleicht«, platzt Jurek in die Stille, »können Sie mitkommen, um Wasser zu holen. Dann könnte ich sie treffen.«
Noch immer schweigt Mäßner ernst, Jurek hingegen fixiert unruhig die Miene des anderen.
Dann meint Mäßner lapidar: »Mein Gott, ich habe ja noch nicht einmal meine Waffe bei mir. Ich hole die Pistole, und du kannst schon einmal den Eimer hervorkramen.«

Wenig später machen sich die beiden auf den Weg zum Haus der Polen. Es sind ja nur ein paar Schritte.
Dort fallen sich Mutter und Sohn in die Arme. Zofia Bielecka steht da und weint. Jurek nimmt sie zärtlich in den Arm, streichelt die Haare der Mutter, registriert, daß sie grau geworden sind in der Zwischenzeit.
Die Sedenkos und auch Mäßner ziehen sich ins Nebenzimmer zurück, die Tür bleibt angelehnt.

»Du kommst zurück nach Hause, nicht wahr?« fragt die Mutter bekümmert und drückt ihren Sohn an die Brust.
»Natürlich«, beruhigt Jurek sie, »du siehst doch, daß es mir gutgeht. Ich kann mich nicht beklagen.«
Eine Weile stehen sie so beieinander. Von allen Seiten fixiert Zofia Bielecka den geliebten Sohn – mit seinem kurzgeschorenen Haar und in blaugrauem Häftlingsdrillich.
Inzwischen hat es sich längst herumgesprochen, was im Konzentrationslager Auschwitz geschieht. Doch Jurek gesund vor sich stehen zu sehen tröstet ein wenig. Dann drängt Mäßner zum Abschied. Mit gefülltem Wassereimer kehren die beiden zurück zur Mühle.
Wenig später, im Februar 1942, müssen Helena Sedenko und ihre Familie ihr Haus verlassen, weil der Vater an einen anderen Ort versetzt worden ist. Die Organisation von Lebensmitteln und Kleidung wird schwieriger, dennoch finden die »alten Häftlinge« mittlerweile Wege, das Nötigste aufzutreiben. Und so ist es Jurek auch in der folgenden Zeit möglich, seine Mutter zu treffen. Einmal kann er sie in einem kleinen Eisenbahnerhäuschen in der Nähe sprechen, einmal sieht er sie jedoch nur von fern.

Wieweit die Geschehnisse im Osten in der Reichshauptstadt bekannt sind, belegt nicht zuletzt ein Tagebucheintrag Joseph Goebbels' vom 27. März 1942. »Aus dem Generalgouvernement werden jetzt, bei Lublin beginnend, die Juden nach Osten abgeschoben«, schreibt er. »Es wird hier ein ziemlich barbarisches und nicht näher zu beschreibendes Verfahren angewandt, und von den Juden selbst bleibt nicht mehr viel übrig. Im großen kann man wohl feststellen, daß 60 % davon liquidiert werden müssen, während nur noch 40 % in die Arbeit eingesetzt werden können. Der ehemalige Gauleiter von Wien, der diese Aktion durchführt, tut das mit ziemlicher Umsicht und auch mit einem Verfahren, das nicht allzu auffällig wirkt. An den Juden wird ein Strafgericht vollzogen, das zwar barbarisch ist, das sie aber vollauf verdient haben. Die Prophezeiung, die der Führer ihnen für die Herbeiführung eines neuen Weltkriegs mit auf den Weg gegeben hat, beginnt sich in der furchtbarsten Weise zu verwirklichen.«

Von der Mühle aus beobachtet Jerzy Bielecki einen Zug weiblicher Häftlinge – sie machen einen »sehr entkräfteten Eindruck«. Unaufhörlich werden die Jüdinnen auf dem Weg zum Arbeitseinsatz von den weiblichen Kapos geschlagen und getreten. »Die Frauen sind mindestens so brutal wie die Männer.« Jurek mag es kaum glauben. Die Gewalt regiert in Auschwitz fast völlig unterschiedslos.

Im Frühjahr 1942 beginnt die systematische Ermordung der europäischen Juden in drei neugeschaffenen Vernichtungslagern. Sie werden ausgewählt nach den Kriterien »Abgeschiedenheit« und »Infrastruktur«, das heißt Anschluß an ein Eisenbahnnetz, und liegen allesamt in Polen: Bełżec und Sobibor im Distrikt Lublin und Treblinka im Distrikt Warschau. Als erstes der Lager wird Bełżec errichtet. Die Bauarbeiten hatten bereits im Oktober 1941, als SS-Männer zwanzig Arbeiter von der Stadt einforderten, begonnen, im Januar und Februar 1942 wurden die Wachtürme errichtet, und nun, im März 1942, beginnt das Morden. Juden, vorwiegend aus den südöstlichen Regionen des Generalgouvernements, werden ins Lager deportiert, zur Abgabe der Wertsachen gezwungen und dann in als Duschräume getarnte Gaskammern getrieben. Anders als in Auschwitz werden die Menschen in Bełżec mit Kohlenmonoxid erstickt.

Im August 1942 werden die Frauen, die bisher im »Stammlager Auschwitz I« untergebracht waren, ins neugebaute Lager Birkenau überführt, in dem eigens ein Sektor für weibliche Häftlinge eingerichtet worden ist.

Für Jurek und die anderen männlichen Gefangenen entspannt sich dadurch die Lage ein wenig. Im »Männerlager« hatten zuvor chaotische Zustände geherrscht. Das Gedränge in den engen Blocks war teilweise unerträglich geworden. Immer häufiger waren deshalb nachts SS-Leute und Kapos hereingestürmt und hatten alle Häftlinge aufgefordert, sofort von den überbelegten Pritschen zu springen und auf dem Korridor Aufstellung zu nehmen. Dann zogen sie an den langen Reihen vorüber und befahlen den Häftlingen, die am schwächsten aussahen, hervorzutreten. Die spindeldürren Gestalten, im Lager als »Muselmänner« bezeichnet, wurden auf Lastwagen geladen und in Birkenau vergast. Um dieser Selektion zu entgehen, versuchten viele der Ausgemergelten, sich unter den Matratzen zu verbergen; vor den Prozeduren rissen sich die Gefangenen im letzten Moment die Bandagen herunter und bedeckten ihre Wunden mit dem Häftlingsdrillich.

In Birkenau arbeiten derweil die Krematorien Tag und Nacht. Schwarze Rauchwolken sind am Himmel über dem Lager zu sehen, ein unerträglicher süßlicher Geruch zieht kilometerweit über das Land. Jurek und seine Kameraden haben den Tod ständig vor Augen.

Dennoch verbessert sich die Lage für sie. Das ist die Lagerlogik von Auschwitz: Je mehr Eisenbahntransporte Auschwitz-Birkenau erreichen, desto leichter ist es, sich Lebensmittel, die den Juden abgenommen werden, oder Wertgegenstände zu beschaffen. Wodkaflaschen werden gegen Gold getauscht, Lebensmittel gegen Kleidung. An Geld zu kommen stellt für die Häftlinge der ersten Stunde kein großes Problem mehr dar – allein, es ist in der Lagerwelt von Auschwitz fast wertlos.

Mittlerweile beginnen die Nazis auch in Łomża mit der Vorbereitung der »Endlösung«. Am 2. November 1942 wird das Getto, in dem bereits eine Typhusepidemie gewütet hat, geräumt. Das Zusammentreiben der Gettobewohner findet »immer am Schabbat« statt, »denn da waren alle zu Hause«, erinnert sich Arje Waschkewitz.

Alle Juden aus der Umgebung werden in eine in der Nähe liegende frühere Armeekaserne in Zambrów getrieben. Neben dem Übergangslager für die polnischen Juden existiert auch ein Kriegsgefangenenlager. Waschkewitz berichtet von Seuchen, die einige tausend Russen hingerafft hätten, während Helena Sprotzer, eine andere Zeugin, von Mord spricht: »Davor waren in Zambrów fünfzigtausend russische Gefangene gewesen; die lagen alle tot in Gräben. Sie waren vergiftet worden.«

Die Zustände, denen sich auch Cyla und ihre Familie in Zambrów ausgesetzt sehen, sind hier noch schwerer zu ertragen als im Getto in Łomża. Bald vegetieren zwanzigtausend Menschen bei bitterer Kälte in den zwanzig Baracken. »Lebendige Tote«, so Helena Sprotzer, irren durch die Gassen: »Im Getto hatte man nur gesagt: Es gibt einen Ort, an dem man Menschen verbrennt. Er heißt ›Malkinia‹. Alle sagen: Wenn wir an ›Malkinia‹ vorbei sind, wissen wir, daß alles nur ein Gerücht gewesen ist.«

In Auschwitz verbringen die Häftlinge auch das Weihnachtsfest 1942 ohne den sie bis dahin unentwegt quälenden Hunger. Jurek hat sogar ein Päckchen von seinen Eltern aus Igołomia bekommen. Abends spielen die Gefangenen Gitarre und singen Lieder. Jurek erinnert sich an das Fest als »eine schöne Zeit«. Nachher besucht er Freunde in anderen Blocks. Zwar sind die Gefangenen immer noch Tag für Tag mit dem Tod konfrontiert, doch rechnen sich einige mittlerweile Überlebenschancen aus – Gedanken, die zu hegen in der Anfangszeit niemand gewagt hatte.

Am 29. Dezember macht die Nachricht von einer »Sensation« die Runde. »Hast du das schon gehört?« platzt ein Kamerad heraus: »Vier Männer sind geflüchtet. Alles prominente Personen.« Es handelt sich um den Deutschen Otto Küsel (Nr. 2) und die Polen Jan Baras (Nr. 564), Mieczysław Januszewski (Nr. 711) und Bolesław Kuczbara (Nr. 4308).

Otto Küsel, Mitglied des sogenannten Arbeitsdienstes im Lager und als einer der dreißig »Sachsenhausener« den meisten SS-Männern bekannt und vertraut, fährt mit einem Pferdewagen ins Stammlager und lädt vor Block 24 vier alte Schränke auf, die angeblich in einer Schreinerei repariert werden sollen. Ohne am Tor kontrolliert zu werden, verläßt der Wagen das Lager und durchquert das gesamte Wirtschaftsgebiet des Konzentrationslagers. Auf freiem Feld wird einer der Schränke geöffnet und Mieczysław Januszewski, ein alter Kamerad von Jurek, der von diesem nur Mietek gerufen wird, springt in einer SS-Uniform und mit einem Karabiner bewaffnet heraus und nimmt als SS-Posten neben Küsel auf dem Bock Platz. Am letzten Schlagbaum angekommen, präsentiert Januszewski dem diensthabenden SS-Unterführer einen zuvor »organisierten« Durchlaßschein, der die zwei als einen SS-Mann

in Begleitung eines Häftlings ausweist. Später kriechen auch die beiden anderen aus ihrem Versteck – da hat der Wagen das »Interessengebiet Auschwitz« längst verlassen. Unterstützt werden die Häftlinge bei ihrer aufsehenerregenden Flucht von der in der Umgebung des Lagers operierenden Heimatarmee, der Armia Krajowa, und einer Einwohnerin von Oświęcim.
Jurek läßt sich detailliert von der Flucht berichten. Es dauert nicht lange, da spricht fast jeder der Lagerinsassen voller Bewunderung nur noch von dem Husarenstück der »Prominenten«.

Irgendwann steht ein junger ausgezehrter Häftling vor Jurek. Er sieht aus wie ein Muselmann – »ein furchtbarer Anblick«. Lange starrt er sein Gegenüber an. »Erkennst du mich nicht?« fragt er den Ratlosen, der mit dem eingefallenen Gesicht nichts anzufangen weiß. »Ich bin es doch – Lutek, dein Cousin.«
Er ist es tatsächlich. Eine Typhusinfektion hat ihm die letzten Kräfte geraubt. Doch Lutek kommt durch. Fortan befindet er sich in der Obhut seines Vetters, der ihm Essen besorgt und es versteht, den Rekonvaleszenten langsam zu Kräften kommen zu lassen. Nach ein paar Wochen entdeckt Jurek im Gesicht des Cousins wieder die ihm so vertrauten Züge.

Dem harten Winter sind in Zambrów Hunderte, wenn nicht Tausende zum Opfer gefallen. Am 12. Januar 1943 lösen die Deutschen das Getto auf. Arje Waschkewitz befindet sich im »dritten Block«, nicht weit von der Familie Cybulski entfernt. »Die Deutschen hatten Nichtjuden mit Schlitten und Pferden bestellt. Jeden zweiten Tag wurde ein ganzer Block geräumt. Immer wenn ein Block geräumt war, sind wir nachschauen gegangen, ob es da noch etwas gab: vielleicht etwas zu essen. Ich traf viele Leute aus meiner Stadt, viele hatten Typhus.« Wenn Waschkewitz die anderen fragt, was mit den Deportierten geschehen sei, wenden sie ihren Blick ab. »Sie wußten nicht, was sie mir sagen sollten.« Dann kommt auch Waschkewitz an die Reihe.

Cyla, ihre Eltern und Geschwister werden erst am letzten Tag der Räumung abtransportiert. Es ist Dienstag, der 19. Januar 1943. Frühmorgens werden alle geweckt und auf die Pferdeschlitten geprügelt. Zwei Stunden dauert dann der Transport durch den tiefen Schnee, bis alle die Bahnstrecke erreicht haben: zweitausend Juden, das ist die pro Tag laut Plan der Deutschen aus Zambrów zu deportierende Menge – Männer, Frauen und Kinder. Viehwaggons stehen bereit. Es wird Tee gereicht. »Ihr kommt nach Auschwitz zur Arbeit«, heißt es. Dann werden die Türen geschlossen.

Hatten die Menschen vor ihrer Deportation eine Ahnung von dem, was sie erwartete? Cyla hat nach dem Krieg einen Bericht über diese Zeit verfaßt. Sie schreibt: »Ob ich in den Gettos schon etwas von Auschwitz gehört habe? Eigentlich nicht. Wir haben zwar schon düstere Nachrichten gehört: darüber, was in Treblinka und anderen Lagern passiert. Jüngeren Männern ist manchmal die Flucht geglückt, und sie konnten darüber berichten, was dort vor sich geht. Auf diesem Wege sind manche Informationen zu uns durchgedrungen. Sie berichteten von massenhaften Tötungen, von Leichenverbrennungen und von Schlägen. Vor dem Abtransport haben sie uns gewarnt und versucht, uns zur Flucht zu überreden. Doch wenn ich mich recht erinnere, hörten wir von Auschwitz nichts. Das lag vielleicht auch daran, daß wir doch im Nordosten Polens ziemlich weit von

Auschwitz entfernt waren. Aber wir konnten die Nachrichten auch gar nicht glauben, so schrecklich waren sie. Wir konnten nicht glauben, daß so etwas im zwanzigsten Jahrhundert geschieht: Das war für uns alles übertrieben.«

Stockfinster ist es in den hoffnungslos überfüllten Wagen, deren Fenster fast luftdicht mit Brettern verrammelt sind, Panik breitet sich aus, Kinder schreien.

Cyla bleibt mit ihrer Familie zusammen. Dann setzen sich die Waggons in Bewegung. Verzweifelt kratzen Fingernägel an den verschlossenen Türen. Fela Cybulska, nach Cylas Erinnerung »eine hübsche zweiundvierzigjährige Frau«, wird von Angst ergriffen. Sie fängt an zu weinen und sagt, was viele schon lange wissen, aber in der Familie bisher niemand laut zu äußern gewagt hat: »Sie werden uns umbringen.« Und: »Warum tun sie das?«

Ihr Mann Mordechai versucht sie zu besänftigen: »Das können sie gar nicht tun. Die Deutschen sind ein zivilisiertes Volk. So etwas geschieht nicht mehr in diesem Jahrhundert – es gibt keine Barbarei mehr. Sie werden uns nur hart arbeiten lassen. Aber nicht töten.«

In den Waggons, in denen man kaum einen Platz findet, um sich wenigstens hinzuhocken, ersticken während der Fahrt unzählige »Kinder und auch Erwachsene«, berichtet Arje Waschkewitz. »Als wir in Auschwitz ankamen, lebte ungefähr noch die Hälfte.« Nach einigen Stunden Fahrt kommt der traurige Transport endlich zum Stehen.

Wenige Kilometer vor dem Lager Birkenau schließlich – die Rampe, die später direkt zu den Krematorien führen soll, existiert noch nicht – werden alle nach draußen geprügelt. Ein Kommando, bestehend aus jüdischen Gefangenen in Häftlingskleidung, scheucht, getrieben von den Männern der SS mit ihren Hunden, die Überlebenden aus den Vieh-

Ankunft in Auschwitz und Selektion

waggons. Überall herrscht Chaos. In das Durcheinander gellen Kommandos. Die Angekommenen sind tief verstört: Hunde hetzen durch die Gegend strauchelnde Menschen, und wer sich nicht auf den Beinen halten kann, wird von den Deutschen geprügelt.
Schreie der Verschleppten: »Was wird mit uns geschehen?«
Besänftigung der Häftlinge: »Nichts, macht euch keine Sorgen. Ihr werdet arbeiten.«
Dann kommt ein Arzt der SS, eine Peitsche in der Hand, und begutachtet die Opfer.
Zwei lange Reihen bilden sich. Manchmal sagt er nur kurz »Rechts«, häufig weist er nach links. Cyla versteht nicht, was die geheimnisvolle Einteilung zu bedeuten hat. Als sie an die Reihe kommt, heißt es »Rechts«.

Vater, Mutter und Schwester stehen auf der anderen Seite, die Brüder hat sie aus den Augen verloren. »Cyla«, ruft die Mutter und winkt der Tochter verzweifelt zu. Cyla wird diese Szene nie vergessen: »Ich begann zu ihr zu rennen.« Doch plötzlich schlägt ein SS-Mann dem Mädchen mit dem Knüppel wütend auf den Kopf und treibt es zurück auf die rechte Seite.

»Er muß mein Gesicht gemocht haben«, glaubt sie heute. Später hört sie einen anderen SS-Mann neben sich sagen: »Ich habe ein Mädchen wie dich zu Hause.« Und, noch versteht sie nicht: »Schade ...«

Dann werden alle auf bereitstehende Lastwagen gejagt und nach Birkenau gefahren.

Von den rund zweitausend Menschen, die an diesem Tag von Zambrów nach Auschwitz-Birkenau verschleppt worden sind, schicken die Deutschen 164 Männer und 134 Frauen nach »rechts«. Die übrigen etwa 1700 Deportierten kommen nach »links«.

Tadeusz Borowski, der als Häftling selber in einem der Kommandos an den Bahngleisen gewesen ist, hat später eine solche Szene festgehalten: »Immer mehr Menschen gehen vorüber, die Lastwagen knurren wie gehetzte Hunde. An meinen Augen ziehen die Leichen vorbei, die aus den Waggons herausgetragen werden, die totgetrampelten Kinder, die Krüppel, die man mit den Toten auf einen Haufen wirft. Und die Menge – die Menge ...

Die Waggons rücken weiter, die Berge von Kleidern, Koffern und Gepäckstücken werden immer höher. Menschen steigen aus, blinzeln in die Sonne, atmen gierig die reine, frische Luft, betteln um Wasser, klettern auf die Lastwagen, fahren weg. Neue Waggons kommen, wieder Menschen ...«

Und: »Es ist ein ungeschriebenes Gesetz im Lager, daß man Menschen, die in den Tod gehen, bis zum letzten Augen-

blick belügt. Das ist die einzig zulässige Form von Mitleid.«
In Birkenau treiben SS-Aufseherinnen die jungen Frauen zunächst nackt in eine Kammer; draußen herrscht Kälte von minus fünfundzwanzig Grad und drinnen die »Puppmamme« genannte Wärterin mit einem schweren Stock.
Zunächst werden die Neuankömmlinge mit heißem Dampf desinfiziert, dann unter eine eiskalte Dusche geprügelt. Häftlingskleidung wird ausgegeben, das Haar geschoren, der Unterarm tätowiert – ganz schnell geht das alles; Lagerroutine. Cyla Cybulska erhält die Nummer 29558. Sie wird in die Baracke 9 des Frauenlagers Birkenau, Abschnitt BIa, eingewiesen; am Ende eines engen Gangs teilt sie sich mit einigen anderen weiblichen Häftlingen eine schmale Holzpritsche. Neben ihr liegt Sonia Rotszyld, die nicht von ihrer Seite gewichen ist, eine alte Freundin aus Łomża, die Cyla schon von der Schule her kennt. Schnell machen die beiden Freundinnen Bekanntschaft mit der Blockältesten, einer Tschechin, die ihren Knüppel bei jeder sich bietenden Gelegenheit rücksichtslos einsetzt.
Nach einer Weile fragt Cyla eine Mitgefangene, die schon länger im Lager zu sein scheint, nach dem Verbleib der übrigen. »Was ist mit meinen Eltern geschehen? Was mit denen, die auf den anderen Wagen fortgebracht worden sind?«
Die Angesprochene sagt gar nichts. Wortlos blickt sie zum Schornstein, aus dem schwarzer Rauch aufsteigt.

Von ihren Brüdern hat sie seit der Ankunft in Auschwitz nichts mehr gehört. Sie sind jung und kräftig. Vielleicht haben sie es geschafft, hofft die Schwester. Doch niemand kann ihr bei der Suche helfen. Cyla weiß noch nicht, daß sie ihre beiden Brüder nicht wiedersehen wird. Die später entdeckten Totenscheine, von den Nazis fein säuberlich ausgefüllt und archiviert, geben Aufschluß.

Der Totenschein »Nr. 4084/1943« vermerkt am 4. Februar 1943: »Der Maurer Jakub Cybulski; mosaisch; wohnhaft: Lomza, Zielonastraße Nr. 17, ist am 28. Januar 1943 um 09 Uhr 50 Min. in Auschwitz, Kasernenstraße verstorben.«

Cylas Bruder, der nicht wie seine Eltern und die Schwester sofort in die Gaskammer geschickt worden war, hat die Hölle von Auschwitz mithin gerade neun Tage überlebt. Er stirbt im Alter von vierundzwanzig Jahren, angeblich an Lungenentzündung.

»Eingetragen auf schriftliche Anzeige des Arztes Doktor der Medizin Entress in Auschwitz vom 28. Januar 1943«.

Der Schein für Cylas Bruder Nathan (Nr. 6314/1943), geführt als »der Schneider Nosek Cybulski, mosaisch«, wird ein paar Tage später ausgefüllt: am 17. Februar 1943. Todesursache diesmal: »Lungenabszeß«.

Verstorben in »Auschwitz, Kasernenstraße« am »10. Februar 1943 um 20 Uhr 05 Minuten«.

Eingetragen auf Anzeige des »Arztes Doktor der Medizin Kitt in Auschwitz«, beglaubigt vom Standesbeamten »In Vertretung Quakernack«.

Nathan, der seinen Bruder Jakub um dreizehn und die Eltern und die kleine Rebecca um zweiundzwanzig Tage überlebt, ist gerade einundzwanzig Jahre alt geworden.

Am 7. Februar 1943 schließt auch Tadeusz Srogi, Häftling in der Kleiderkammer der SS, mit seinem Leben ab. Seit geraumer Zeit hält er Kontakt zu einem deutschen Häftlingsmädchen, dem er gelegentlich ein Stück Fleisch oder eine Kartoffel zusteckt. Dann jedoch soll die junge Deutsche, die in der Wäscherei arbeitet, entlassen werden. Über zwei Mithäftlinge, die im Kesselhaus tätig sind und manchmal als Kuriere zwischen den beiden fungieren, schickt Ta-

C[1]

Nr. 4084/1943

Auschwitz, den 4. Februar 19 43

Der Maurer Jakub Cybulski

mosaisch

wohnhaft Lomza, Zielonastraße Nr. 17

ist am 28. Januar 1943 um 09 Uhr 50 Minuten

in Auschwitz, Kasernenstraße verstorben.

Der Verstorbene war geboren am 21. Februar 1918

in Lomza

(Standesamt Nr.)

Vater: Mordhajm Cybulski

Mutter: Fejga Cybulski geborene Gritz

~~D Verstorbene war nicht verheiratet~~

Eingetragen auf ~~mündliche~~ — schriftliche Anzeige des Arztes Doktor der Medizin Entress in Auschwitz vom 28. Januar 1943

~~D Anzeigende~~

~~Vorgelesen, genehmigt und unterschrieben.~~

Die Übereinstimmung mit dem Erstbuch wird beglaubigt.

Auschwitz, den 4.2. 19 43

Der Standesbeamte

In Vertretung

Der Standesbeamte
In Vertretung

Quakernack

Todesursache: Lungenentzündung

Eheschliessung de Verstorbenen am in

(Standesamt Nr.).

deusz einen Brief: Glückwünsche zur Entlassung aus der Haft will er übermitteln und auch den Wunsch, nach dem Krieg in Kontakt zu bleiben. Tadeusz hat sich ganz offensichtlich in die Deutsche verliebt.

Doch ausgerechnet diese Mitteilung wird von den SS-Männern abgefangen. Die Strafe scheint einem Todesurteil gleichzukommen: Haft in Block 11, dem Todesblock.

Neben dem Komplex befindet sich die berüchtigte Exekutionswand. Ständig führen die Deutschen ihre Delinquenten an die schwarze Mauer neben dem roten Backsteinblock und füsilieren ihre Opfer. Beobachten können die Häftlinge die Hinrichtungen nicht, weil die Fenster zugemauert sind, doch sie hören den Hall der Schüsse.

Trotz aller Qualen übersteht Tadek einige Tage in fast völliger Isolation, dann wird er abgeführt. Das Urteil für seine »Tat« lautet: einen Monat Strafkompanie in Birkenau. Ein Urteil nicht minder bedrohlich als die Einweisung in den Block 11.

Zur Arbeit freilich beabsichtigen die Deutschen den Häftling gar nicht einzusetzen. Nach kurzer Zeit verpaßt ein deutscher Arzt der »Nummer 178« eine Spritze. Tadek bekommt Fieberanfälle und Schüttelfrost, nach kurzer Zeit fällt er in ein Delirium. Womit er infiziert worden ist, wird er nie erfahren.

Man steckt Srogi in einen der drei Krankenblocks in Birkenau. In Block 12 befinden sich die Rekonvaleszenten, in Block 8 schwerere Fälle. Von denen, die in den Krankenblock 7 geschickt werden, heißt es, sie kämen nie wieder zu den Lebenden zurück. Sechs Wochen liegt Tadeusz Srogi auf einer Pritsche in Block 8.

Regelmäßig führen die KZ-Ärzte hier Selektionen durch. Wer unter dem prüfenden Blick der Mediziner nicht geradestehen kann, wird ins Gas geschickt.

Srogi leidet an totaler Erschöpfung, und doch hat er Glück. Eine Woche bevor die nächste Selektion stattfinden soll, nimmt sich ein Mithäftling des jungen Mannes aus Sanok an: Zbigniew Kukła. Er arbeitet in der Küche des Krankenbaus und versorgt Tadeusz mit Kaffee. »Wie durch ein Wunder« übersteht dieser die anschließende Selektion und kommt zurück ins Stammlager.
Als er dort einen SS-Mann trifft, den er aus der Bekleidungskammer kennt, scheint dieser hocherfreut, den »alten Bekannten« wiederzusehen. Er habe nicht damit gerechnet, Tadek noch einmal lebend gegenübertreten zu können. Jetzt kümmert er sich darum, daß der als Experte in der Kleiderkammer beliebte Rückkehrer wieder seiner alten Arbeit nachgehen kann. Nach einigen Wochen der Ungewißheit, ob er das Todeslager würde überleben können, nimmt Tadeusz Srogi wieder seine Aufgaben in der SS-Kleiderkammer wahr. Sein Arbeitsplatz liegt in einem der Häuser, die einst zum polnischen Tabakmonopol gehörten – dem Ort, an dem die Häftlinge unmittelbar nach ihrer Ankunft in Auschwitz so gedemütigt worden waren.

In der Mühle gibt es zu dieser Zeit bereits so viel zu tun, daß weitere Arbeitskräfte gebraucht werden. So geraten eines Tages zwei Serben, Marko und Petro, in den Betrieb. Sie tragen die Arbeitskleidung von Zivilisten und machen auch sonst einen »seltsamen Eindruck«. Nie suchen sie den Kontakt zu den anderen. Im Gegenteil: Taucht einer in der mittlerweile graublauen Gefangenenkleidung auf, ziehen sich die Neuen zurück. Auch sprechen sie so gut wie nie. Marko wirkt zwar etwas aufgeschlossener, doch riecht er auffällig häufig nach Schnaps. Mäßner ist unzufrieden mit den beiden Hilfsarbeitern.
Anfangs vermuten die Häftlinge in den beiden Serben Na-

zispitzel, die eventuell eingesetzt worden sein könnten, um etwaige Fluchtpläne in Erfahrung zu bringen und dann zu verraten. Nach einer Weile stellt sich aber heraus, daß den beiden Zivilisten der Kontakt zu den »Auschwitzern« streng untersagt ist. Verstöße gegen die Bestimmungen könnten die neuen Arbeiter selber als Häftlinge ins Lager bringen.

Doch eines Tages kommt es zum Eklat. Marko taucht »ganz blaß« bei Jurek auf und fragt stammelnd nach dem Leiter der Mühle. »Wo ist Mäßner?«

»Keine Ahnung«, entgegnet Jurek.

»Er soll sofort kommen. Ich wollte gerade Brot aus meinem Spind holen, da habe ich es bemerkt: Meine Zivilkleidung ist gestohlen worden.«

Kurz darauf wird die Arbeit gestoppt, und alle Arbeiter der Mühle müssen sich zum Appell einfinden. Einer fehlt: Edek. »Tausend Gedanken« gehen Jurek durch den Kopf: »Mäßner muß diesen Vorfall sofort bei der Politischen Polizei melden. Das wird Konsequenzen haben. Die guten Zeiten in der Mühle werden der Vergangenheit angehören.«

Mäßner ist sauer. So wütend hat ihn Jurek noch nie erlebt.

»Warum habt ihr nicht aufgepaßt?« brüllt er. »Wie konnte das geschehen?« Dann verschwindet er und telefoniert. »Es ist Feierabend. Ihr könnt jetzt gehen«, verkündet er anschließend und schickt die Häftlinge zurück ins Lager.

Am Tor wird die Gruppe bereits von einem Unterscharführer erwartet.

»Na, dann betet mal zu Gott, daß das für euch gut ausgeht«, meint er süffisant und führt die Häftlinge zum Rapport. Als erster wird Jorg verhört. Unruhig warten die anderen vor der Tür des Vernehmungszimmers.

In letzter Zeit hat Jurek häufig von Fluchtversuchen gehört,

von denen sogar recht viele geglückt zu sein scheinen. Die Strafmaßnahmen sind in den vergangenen Monaten nicht mehr so konsequent verhängt worden wie in der Anfangszeit des Lagers, als es regelmäßig zu Kollektivstrafen gekommen war. »Dennoch weiß man nie, was passiert«, quält er sich und harrt bange der Dinge.
»Immerhin reichen manchmal Banalitäten, um getötet zu werden.«
Nach endlos langen zwei Stunden taucht Jorg mit hochrotem Kopf wieder bei seinen Gefährten auf. »Es ist schlimm, aber nicht tragisch«, versucht er sie zu beruhigen. »Mäßner wird wohl Ärger bekommen und sicher auch der ›Zivile‹.«
Mit einem »Tritt in den Hintern« werden alle zurück in die Blocks getrieben. »Ihr könnt verschwinden.«
In der Nacht bekommt Jurek kein Auge zu. Ihm ist bewußt, daß er der Mühle wohl sein Überleben bis zum heutigen Tag zu verdanken hat. Nun weiß niemand, was kommen wird.

Der nächste Morgen bringt Klarheit: Zur Mühle dürfen die Häftlinge nicht wieder zurückkehren. Statt dessen droht ein Kommando, in dem sie schwere körperliche Arbeit erwartet. Kurze Zeit später finden sich »die aus Babitz« bei einer Häftlingsgruppe ein, die in einer Kiesgrube eingesetzt wird.

Die ersten Tage und Wochen in Birkenau übertreffen bei weitem alles, was die Neuankömmlinge bisher schon erlebt haben. In endlosen Appellen werden sie mit der Lagerbrutalität konfrontiert. Langsam dringt es ins Bewußtsein der zur Arbeit Selektierten, daß hier der systematische Mord am jüdischen Volk durchgeführt wird. Sie erblicken durch die Ritzen ihrer Baracken die endlosen Züge von Juden, die von ihren Aufsehern in die Gaskammern geführt werden. Sie hören das Weinen der Kinder und die Versuche ihrer Eltern, sie zu beruhigen. Sie nehmen die Kommandos der SS-Leute wahr, die die Kolonnen zur Eile antreiben. Nachts sehen sie den Feuerschein der Krematorien und tagsüber schwarzen Rauch. Sie wissen, daß sie hier nur einen Aufschub erhalten haben, daß sie vor ihrem Tod noch für die deutsche Kriegswirtschaft arbeiten sollen, daß sie hier keineswegs in einem Arbeitslager, sondern in einer Vernichtungsmaschinerie gelandet sind. Sie erfahren täglich, wie andere Häftlinge vor Schwäche tot zusammenbrechen oder freiwillig »in den Draht gehen«, um sich von den Deutschen erschießen zu lassen – eine letzte Manifestation des eigenen Willens. Und sie bangen jeden Tag beim Appell, daß Mengele und seine Mordgehilfen andere zur Liquidierung auswählen und nicht sie selbst. Sie leben für den Tag und versuchen jeden Gedanken an die Angehörigen oder das Leben in Freiheit zu verdrängen. In Auschwitz-Birkenau ist man ohnehin mehr tot als lebendig.
Dennoch gibt es auch in dieser Hölle eine feine Abstufung des Grauens. Wer Pech hat, wird einem Arbeitskommando

zugewiesen, das ein Mensch nur einige Tage, höchstens ein paar Wochen überstehen kann. In dem die körperliche Anstrengung so groß ist, daß die Unterernährten kraftlos liegenbleiben. Viele werden einfach von den Kapos totgeschlagen. Andere wegen ihres entkräfteten Zustands zur Vergasung bestimmt. Und nicht selten kommt es vor, daß sie draußen bei der Arbeit von einem SS-Mann »auf der Flucht erschossen« werden. Dann erhält der Deutsche drei Tage Sonderurlaub.

Anfangs wird Cyla einem Baukommando zugeteilt. Die Arbeit ist hart: Die meist jungen Frauen müssen im tiefen Schnee Bäume fällen und mit primitivem Werkzeug, Hammer oder Brechstangen, Gehöfte niederreißen, die einst polnischen Bauern gehörten, nun jedoch dem deutschen Vernichtungslager weichen sollen.
Doch nach einigen Wochen hat sie Glück. Ein neues Kommando wird zusammengestellt, in das auch sie gerät. Cyla registriert, »daß nur junge, gesunde und schöne Mädchen ausgesucht« werden. Dann verläßt die Gruppe Birkenau und steuert das einige Kilometer entfernte Stammlager an. Cyla soll in der Näherei arbeiten, die in einem Gebäude des ehemaligen polnischen Tabakmonopols untergebracht ist und in der Nähe der SS-Kleiderkammer liegt, in welcher der Häftling Tadeusz Srogi nach überstandenem Aufenthalt im Krankenbau Uniformen ausgibt.
Hier, im sogenannten Stabsgebäude, ist es warm, und es gibt genug zu essen. »Wir konnten die persönliche Hygiene einhalten. Für fünfzig Gefangene hatte man im Keller einen Raum vorgesehen. Das waren trockene Räume, und wir schliefen auf Einzelmatratzen«, berichtet Cyla. Es heißt, sie erhielten das gleiche Essen wie die Aufseherinnen.
Cylas Aufgabe besteht darin, zerrissene Mehlsäcke zu flik-

Ehemaliges Stabsgebäude auf dem Gelände des Tabakmonopols

In diesem Teil des Monopolgebäudes befand sich die Wäscherei, in der Cyla arbeitete

ken. Direkt nebenan, ebenfalls auf dem Gelände des »Monopols«, liegt der Getreidespeicher. Von dort kommen die Säcke.

Im Mai läuft Jerzy Bielecki einem »alten Bekannten« über den Weg. Es ist Kapo Hermann, der in der Anfangszeit des Lagers das Kommando im Holzhof leitete. Jurek bringt sich bei dem Kapo in Erinnerung. Vielleicht kann dieser ihm eine leichtere Arbeit besorgen. Lange will Jurek nicht in der Kiesgrube bleiben. »Du bist doch derjenige, der sich damals immer zwischen den Holzstapeln vor der Arbeit gedrückt hat«, meint Hermann jovial. Doch dann verspricht er, sich für Jurek einzusetzen. Er habe gerade ein Mähkommando zusammengestellt. Jurek, der ja gut Deutsch spreche und ein »alter Häftling« sei, könne dort als Vorarbeiter tätig werden.

Kurze Zeit später steht Jurek einer Gruppe von zwanzig Häftlingen vor, die das teils hohe Gras am Lagerzaun von Auschwitz-Birkenau mähen muß, damit die Wachposten auf ihren Holztürmen freie Sicht haben zum Schießen. Als Vorarbeiter ist er dafür verantwortlich, daß alle tun, was ihnen befohlen ist, und niemand zu flüchten versucht.

Die Arbeit ist nicht schwer. Im Grunde ist es sogar ganz angenehm, sich bei dem guten Wetter an der frischen Luft aufzuhalten, und außerdem ist die Verpflegung relativ üppig. Es gibt sogar zwei Portionen Suppe.

Schlimmer ist, was die Häftlinge in Birkenau zu sehen bekommen. Knapp dreißig Meter ist das Krematorium vom Arbeitsplatz des Grasmäherkommandos entfernt. Überall laufen ausgezehrte Gestalten, die »Muselmänner«, herum. Einmal bleibt Jurek wie angewurzelt vor einem Leichenberg stehen: vielleicht fünfzig Meter lang und zwei Meter hoch. Wie Holzscheite haben die Nazis ihre Opfer akkurat ge-

schichtet. Eine Reihe liegt mit dem Kopf, die nächste mit den Füßen nach vorn. Die Gaskammern arbeiten zu dieser Zeit schneller als die Krematorien. Mit der Beseitigung der Leichen kommen die Deutschen kaum nach.
»Von diesem Ungeziefer liegen hier wohl sechstausend Stück«, tönt Kapo Hermann und lacht.

»Auschwitz, den 30. 5. 1943.
Meine liebste Eltern und geliebste Brüdern.
Von Euch habe ich schon lange keinen Brief erhalten, doch denke ich, ist alles bei Euch in Ordnung. Die Packete erhalte ich immer wenn Ihr ausschickt. Wie unendlich bin ich Euch dafür dankbar, weiß Du nicht, liebste Mutti. Wenn ich denke, dass Deine liebe Hände haben die Päckchen vorbereitet dann mein kleines Herzchen weint vor Dankbarkeit und von der großen, mütterlichen Liebe zu Dir. Immer denke ich von Euch, meine Lieben und mit der größten Freude teile ich Euch mit, daß jetzt kann man wieder zwei Mal im Monat schreiben. Am nächsten Mal schreib mir, lieber Bruder, Lesiu, alles, was bei Euch gibt's und wie es Euch geht. Mein Herz klopft immer nur für Euch und schickt Euch allen und der ganzen Familie tiefe, unendliche Küsse und Umarmungen.
Immer liebende Euch Sohn Jurek
Geprüft – 6 – K.L. Auschwitz«

Nur einmal kommt es im Mähkommando zu einem kleinen Zwischenfall. Ein junger Häftling ist gerade mit seiner Sense beschäftigt, als ein betrunkener Deutscher auf seinem Pferd herangaloppiert und den Gefangenen zu Boden reißt. Blut schießt dem Unglücklichen aus einer Wunde, die er sich bei dem Sturz zugefügt hat. »Was ist das für ein Blödmann, der sich mit der Sense selber aufspießt?« flucht der Deutsche und befiehlt: »Ab in den Krankenbau mit ihm!« Jurek sucht vier kräftige Männer aus und läßt den Verletzten fortbringen.

Nach dem Einsatz im Mähkommando wird Jurek als Schlosser einer im Wirtschaftshof tätigen Gruppe zugewiesen, die auch die Motorräder der SS-Männer repariert. Hermann hatte Jurek dabei geholfen, den Arbeitsplatz zu bekommen, und tatsächlich ist es hier erträglich. Der neue Kapo, ein älterer Mann aus Oberschlesien, der ausgezeichnet Deutsch spricht und früher in einem bekannten Eisenbahnwaggonwerk in Posen gearbeitet hat, ist friedlich. Ins Lager ist er gekommen, weil er angeblich an Sabotageaktionen beteiligt gewesen war.

In der Nähe sind Magazine für Viehfutter, wo Rüben, rote Bete und Kartoffeln gelagert werden und sich die Häftlinge heimlich bedienen. Der SS-Kommandoführer scheint sich nicht sonderlich für die Männer zu interessieren.

Und so will sich Jurek an einem sonnigen Septembertag wieder einmal auf den Weg machen, um ein paar Kartoffeln zu organisieren. Doch kaum hat er die Tür hinter sich geschlossen, steht er vor einem hünenhaften SS-Mann.

»Wo willst du denn hin?« will der wissen. »Arbeitest du hier?«

»Jawohl, Herr Oberscharführer.«

An der Wand lehnt das Fahrrad des Deutschen. Der vordere Reifen hat keine Luft.

»Soll ich Ihnen vielleicht den Reifen aufpumpen?« bemüht sich Jurek.

Doch der Deutsche winkt ab: »Der ist kaputt. Ich habe immer wieder probiert, ihn zu reparieren.«

Jurek beharrt auf seinem Angebot, und nach einer Weile gibt der SS-Mann nach.

»Ich schaffe das schon«, verspricht Jurek, »ich hole schnell

Material aus der Werkstatt. Sie dürfen das nur meinem Chef nicht erzählen.«
Kurz darauf macht er sich an die Arbeit; belohnt wird er für die Gefälligkeit mit einer Schachtel Zigaretten.
Irgendwoher kommt ihm das Gesicht des Deutschen bekannt vor. Und dem scheint das ähnlich zu gehen.
»Warst du nicht im Grasmäherkommando?« fragt er.
Und nun fällt es Jurek wieder ein: »Sie waren doch der Mann auf dem Pferd.«
Der SS-Mann scheint peinlich berührt: »Erinnerst du dich an den jungen Gefangenen, den ich umgerannt habe. Er hatte sich mit der Sense verletzt.«
»Ja, ich erinnere mich.« Jurek hantiert am Rad.
»Wie geht es ihm?«
»Er hat überlebt. Einige Wochen war er im Krankenblock, aber dann hat er sich von den Verletzungen erholt. Er arbeitet heute im Kartoffelmagazin; es geht ihm gut.«
Im Gesicht des SS-Manns glaubt Jurek Erleichterung zu erkennen: »Richte dem Jungen aus, daß ich den Zwischenfall sehr bedauere. Ich war wohl zu betrunken.«
Dann ist das Rad geflickt. Nach einer kleinen Proberunde kommt der Deutsche zurück. »Sag mal: Möchtest du nicht eine bessere Arbeit?«
»Ja, wenn das ein gutes Kommando ist.«
Mit Jureks Häftlingsnummer und seinem Namen auf einem Zettel verabschiedet sich der Mann. »Ein Freund von mir ist Kommandoführer im Getreidespeicher. Die brauchen einen pfiffigen Jungen, der Deutsch spricht. Du bist ein erfahrener Gefangener. Deine Nummer wird ihm gefallen.«

Zwei Tage später drückt der Blockälteste Jurek ein Blatt Papier in die Hand: Einsatzbefehl für den Getreidespeicher. Am nächsten Tag bereits soll er anfangen.

Dreißig Gefangene arbeiten in dem Magazin, das auf dem Gelände des Tabakmonopols liegt. Erleichtert stellt Jurek fest, daß alle gesundheitlich einen guten Eindruck machen – die Lebensmittelversorgung scheint also auch hier ausreichend zu sein. Die Kleidung ist ordentlich. Die Kollegen sind umgänglich. Nur der Arbeitsführer, ein gedrungener Slowake mit stets gerötetem Gesicht, schimpft unentwegt.

Im Parterre des Magazins arbeiten zehn Häftlinge. Hier wird das Getreide zu Tierfutter verarbeitet. Im ersten Stock wird sortiert. Die Zentrale liegt auf der zweiten Etage. Dort ist auch das Büro des Kommandoführers Paul Pomplun.

Auf den ersten Blick wirkt der neue Chef nicht gerade sympathisch. Er ist etwa vierzig Jahre alt und hat eine Pfeife im Mund – blaßblaue Augen, kurzgeschnittenes Haar, das rote Gesicht eines Säufers, krumme Beine und abstehende Ohren.

»Du bist also der Neue«, meint er zu Jurek.

»Jawohl, Herr Kommandoführer.«

Dann kommen sie ins Gespräch. »Du sprichst gut deutsch. Wo hast du das gelernt?« will Pomplun wissen und fängt an zu fluchen, als Jurek antwortet, er habe das Gymnasium besucht: »Das Gymnasium? Ich dachte, man schickt mir einen Fachmann – ich brauche einen Bauern, keinen Gymnasiasten.«

Doch Jurek kann den Deutschen besänftigen; er kenne sich mit der Landwirtschaft aus, weil seine Eltern vom Bauernhof kämen. Pomplun lächelt versöhnlich: »Na gut, mein Kumpel wird schon gewußt haben, was er tat, als er dich empfohlen hat. Du wirst dich schon einarbeiten. Zuerst hilfst du dem Schreiber.«

So schlimm ist Pomplun nicht, denkt Jurek und folgt dem Deutschen, der die Schreibstube direkt neben seinem Zimmer ansteuert. Es ist ein schmaler Raum, so dunkel, daß selbst tagsüber die Glühbirne brennt. An der Wand steht ein Schreibtisch, auf dem ein paar Papierblöcke und Quittungen liegen. Der Häftling, der hier arbeitet und nun Jureks neuer Kollege sein wird, heißt Janek.

Schnell hat Jurek bemerkt, daß Janek wie er eine dreistellige Häftlingsnummer trägt. Die beiden verstehen sich sofort prächtig, sie fühlen sich wie Veteranen. »Schön, daß du hier bist«, freut sich Janek. »Die Arbeit wird dir gefallen. Jeder arbeitet in seinem Bereich, und niemand wird gequält.« Vor Pomplun und den Kapos brauche man keine Angst zu haben. Wenn sie genug zu essen hätten, vergäßen sie alles um sich herum. Nur Pepik, wie Pomplun genannt werde, sei bisweilen etwas schwierig: »Er trinkt zuviel. Und wenn er besoffen ist, sucht er Streit.«

Neben Pomplun gebe es hier noch zwei andere SS-Männer: Rottenführer Tietze, der Jurek geschickt habe, und Hauptscharführer Dziadek, den alle nur Opa nennt, weil er schon siebenundsechzig Jahre alt sei. »Opa ist am harmlosesten«, meint Janek. Er sitze die ganze Zeit nur in seinem Kabuff und interessiere sich im Grunde für gar nichts.

Dann machen die beiden von der Schreibstube aus eine Runde durch den Magazinkomplex. Der große Raum ist zu diesem Zeitpunkt fast leer. Nur in der Ecke stapeln sich Getreidesäcke. Der Boden ist gefegt – von der Sauberkeit ist Jurek beeindruckt. In einer anderen – staubigen – Halle trennen Häftlinge verschiedene Getreidesorten voneinander und trocknen die Körner.

»Ein Teil der Ernte wird auf Waggons verladen und ins Reichsinnere gebracht«, erklärt Janek, »ein anderer Teil geht zur Mühle Babitz.« Darüber hinaus würden Bauernhöfe in der Umgebung und auch Fischzüchter beliefert. In dem Geschäft kennt sich Jurek aus, seit er in der Mühle gearbeitet hat. Plaudernd landen die beiden im ersten Stockwerk.

Janek hat kaum die Klinke in der Hand, als die Tür von innen aufgestoßen wird. Jurek erstarrt. »Was ist das hier für ein Ausflug?« stammelt er und mag seinen Augen nicht trauen. Vor ihm stehen zehn junge Mädchen – alle ausgesprochen »hübsch und gesund«. Sie tragen dunkelblaue Kleider mit einem roten Streifen auf dem Rücken und graue Schürzen statt des Häftlingsdrillichs. Unter den Kopftüchern kräuseln sich Haare, die nicht annähernd so kurz geschoren sind wie die der anderen Häftlinge. Auch als Rottenführer Tietze auftaucht, schwatzen und lachen die Mädchen, statt ängstlich zu verharren, wie es im Lager üblich ist.

Jurek wundert sich über seine Assoziation: Ihm kommen die fremden Wesen wie Schmetterlinge vor. Neugierig – geradezu kokett, findet Jurek – strahlen ihn die Mädchen an: So sieht er also aus, der Neue.

Eine sticht aus der Gruppe hervor. Sie ist brünett, hat einen etwas dunkleren Teint als die anderen und »schwarze Zigeuneraugen«. Die Blicke der beiden treffen sich. Das Mädchen lächelt, dann zwinkert es ihm zu und verschwindet mit den anderen im Korridor.

Es ist nur ein kurzer Moment gewesen, doch Jurek kommt sich vor wie in einem Traum. Eine junge Frau hat ihn angelächelt. Das erste Mal, seit er in Nowy Sącz verhaftet worden ist. Das erste Mal seit vier Jahren und fünf Monaten. Er fühlt sich von seinen Gefühlen völlig überrumpelt, das Herz rast, und »kalte Schauer« laufen ihm über den Rücken.

Fast viereinhalb Jahre hat es für ihn Frauen nur in seinen

Gedanken oder in wüsten Geschichten gegeben, die von Block zu Block getragen werden. Von einem Lagerbordell wird zuweilen erzählt, welches Jurek aber nicht von innen gesehen hat. Von heimlichen Abenteuern mit weiblichen Häftlingen, die seit einiger Zeit im Lager sind. Detailreich ausgeschmückte Berichte, die aber – so glaubt zumindest Jurek – jeglicher Grundlage entbehren.
Eine zärtliche Berührung, ein liebevoller Blick, ein kurzer Flirt – in Auschwitz verliert man den Glauben, daß es so etwas gibt. Was draußen alltäglich ist, erscheint hier im Lager geradezu verrückt – als gehöre es in eine andere Welt, in eine Phantasiewelt.
Noch eine Weile steht Jurek wie gelähmt da, dann stottert er: »Was ist hier los? Was sind das für Frauen?«
»Ach, das weißt du nicht?« wundert sich Janek. »Die arbeiten hier und flicken die Säcke. Da gibt es immer genug zu tun. Hier sind fast zehntausend Getreidesäcke im Umlauf.« SS-Mann Tietze führe die Mädchen täglich vom nahen Stabsgebäude hier herüber zur Arbeit. Ein wenig muß Janek lachen, als er Jureks verklärten Blick bemerkt. »Paß auf, daß du dich nicht in eine der Jüdinnen verliebst«, mahnt er. »Sie können einen wirklich um den Finger wickeln.« Aber da ist es wohl schon zu spät. »Ach, ich bin kein Heiliger«, entgegnet Jurek versunken.

Einer der Funktionshäftlinge im »Kommando Futtermittelspeicher« ist Marian Wudniak, ein ausgeglichener, Jurek auf Anhieb sympathischer Mann. Die Konditionen scheinen in jeder Beziehung günstig: Überwiegend arbeiten »privilegierte, alte Häftlinge« in dem Magazin. Die meisten machen einen relativ wohlgenährten Eindruck. Am schwächsten wirkt da noch Wudniak selbst.
Jurek wird auch allen anderen vorgestellt. Im Kontor lang-

Marian Wudniak

weilt sich gerade der Stellvertreter Pompluns. »Zeig ihm alles«, fordert er Janek auf, mit seinem Rundgang fortzufahren.
Dann werden die restlichen Räumlichkeiten begutachtet. In der Küche arbeiten drei Russen. Stasio wird der Koch gerufen, ein quirliger sechzehnjähriger Junge, der auf einer einzigen Elektroherdplatte für das ganze Kommando Kartoffeln, Graupen oder Klöße zubereitet und in schwere Eimer abfüllt.
Nach einer guten Stunde ist der Rundgang beendet. Jurek irritiert das. »Warum macht der Pomplun so einen Zirkus mit mir?« fragt er Janek. »Du zeigst mir hier jeden Winkel, so als wäre ich ein Inspektor.«
»Ich glaube, der Chef hat etwas Besonderes mit dir vor«, entgegnet Janek. »Vielleicht will er sich zurückziehen und dir die Kontrolle übertragen. Er kommt mit uns nicht gerade gut aus, seit er im Suff sogar schon Dresche bezogen hat.« Vorgestern sei ein Oberscharführer gekommen, mit dem Pomplun befreundet scheine. »Mir war so, als sei bei dem Gespräch auch dein Name gefallen.«
Dann erreichen die beiden eine Bretterwand. »Dahinter

kümmern sich die Mädchen um die Säcke«, erklärt Janek. »Wenn sie in dem Raum sind, schließt Tietze immer die Tür persönlich ab. Der Kontakt zu den Frauen ist nämlich untersagt.« Doch dann lächelt er listig: »Nun, Tietze schließt die Tür dreimal ab, und wir öffnen sie trotzdem.« Schließlich müsse man den Damen doch etwas zu essen bringen, »und außerdem kann man sich mit ihnen hervorragend unterhalten«. Jurek schaut etwas ungläubig. »Wir machen das natürlich so dezent, daß die SS-Männer nichts bemerken.« Aber selbst wenn sie wüßten, was geschehe, würden sie ein Auge zudrücken. Im Sprachgebrauch der Magazinhäftlinge heiße der Raum, in dem die Säcke geflickt werden, nur noch »Kurnik« – Hühnerstall.

Um dreizehn Uhr gibt es Mittagessen im Magazin. Die SS-Männer verschwinden um diese Zeit allesamt im Kasino – nach ihren Mägen könne man die Uhr stellen, bemerkt Janek. Jetzt ist es wieder soweit. Stasio kommt mit einem Eimer Graupen, und nachdem alle satt geworden sind, packt Janek der Ehrgeiz.

»Jetzt wollen wir mal den Mädchen etwas bringen«, meint er kumpelhaft und verschwindet schlüsselklimpernd mit Jurek in Richtung »Hühnerstall«. Stasio steht Schmiere, während die beiden »Alten« sich dem weiblichen Geschlecht widmen.

»Das ist Jurek, unser Neuer«, beginnt Janek und stellt Jurek eine etwas ältere Blondine vor: »Ellen, die Chefin.« Sie ist eine französische Jüdin polnischer Abstammung.

Jurek fühlt sich unwohl – die Mädchen fixieren ihn, und er weiß nicht, was er sagen soll.

»Und?« scherzt Ellen. »Womit vergiftet ihr uns heute?«

Janek preist das Essen, doch Ellen verzieht nur das Gesicht: »Schon wieder Graupen. Könnt ihr nicht einmal Saft auftreiben?«

Jurek guckt sich verlegen um. Nein, mit den ausgemergelten

Gestalten in Birkenau haben diese Mädchen wenig gemein. Dann entdeckt er wieder die schwarzen Augen vom Vormittag, die ihm zugezwinkert haben.
»Das ist der, der dir heute morgen so gut gefallen hat«, wispert ein Mädchen der Schönen zu. Etwas unbeholfen spricht Jurek sie an. »Wie heißt du?« will er wissen. »Und woher kommst du?«
Das Mädchen errötet. Dafür antwortet die Freundin: »Sie heißt Cyla und kommt aus Łomża – ein gutes Mädchen.« Cyla muß lächeln; um Jurek ist es geschehen. Nachdem er mit Janek den Raum verlassen hat, kreisen seine Gedanken nur noch um die Kleine mit den braunen Locken.
Der Rest des Tages vergeht schnell. Aufmerksam beobachtet Jurek die Arbeitsabläufe. Fuhren mit Getreide kommen von den umliegenden Bauernhöfen, mit Futter für das Vieh verlassen sie den Getreidespeicher. Jedesmal müssen Lieferscheine ausgefüllt werden. Schwer ist die Büroarbeit nicht, die Jurek fortan zu verrichten hat.
Störend sind allenfalls Tietze und Pomplun, die auch an diesem Nachmittag wieder einmal verschwinden, um sich vollaufen zu lassen. Lärmend kommen sie danach zurück und pöbeln die Häftlinge an. »So sind sie, die SS-Männer«, konstatiert Janek verächtlich. »Sie drücken sich vor der Ostfront, aber hier tun sie so, als hätten sie ungeheuer wichtige Dinge zu erledigen.«
In betrunkenem Zustand kommt es auch immer wieder zu Streitigkeiten zwischen Pomplun und Karl, dem Kapo. Die beiden mögen sich nicht. Grund dafür ist die gemeinsame Leidenschaft für den Alkohol. Pomplun haßt Karl rundheraus, weil dieser geizig ist und von seinem Schnaps nichts abgeben will. Wenn Karl sich wieder einmal eine mit Spiritus angereicherte Flasche Wodka besorgt hat, scheint er nichts anderes im Sinn zu haben, als ein geeignetes Versteck

ausfindig zu machen. Einmal eskaliert der Streit zu einer wüsten Rauferei, nachdem der durstige Pomplun Kapo Karl eine Flasche gestohlen hat.
Sobald sich die Gelegenheit bietet, schleicht sich Jurek zu den Frauen. Mit Cyla kann er durch ein Astloch in der Bretterwand sprechen; manchmal trifft er sie auch, wenn die weiblichen Häftlinge zur Toilette geführt werden. Und wenn es möglich ist, nutzt er die Mittagspause zur vorsichtigen Annäherung. Cyla schüttet ihm ihr Herz aus. Sie erzählt Jurek vom Schicksal ihrer Angehörigen. Mittlerweile habe sie auch vom Tod ihrer Brüder erfahren, und somit sei sie nun die letzte Überlebende ihrer einst »großen und glücklichen Familie«. Zärtlich streichelt Jurek ihr über das Haar und küßt sie ein erstes Mal schüchtern auf die Wange. Außer Regina und Sonia, den beiden Freundinnen aus Łomża, habe sie nun niemanden mehr, erzählt Cyla und bricht in Tränen aus.
Die relativ angenehmen Bedingungen im Getreidespeicher und nicht zuletzt die Zuneigung zu Cyla lassen bei Jurek das Gefühl aufkommen, das Lager durchstehen zu können – es durchstehen zu müssen.

»Liebste Eltern und teure Brüder«, schreibt er am 12. September 1943. »Den letzten Brief von Euch habe ich vor einigen Tagen erhalten. Er war so süß und herzlich, dass hat mir große Freude getan. Vor allem müsse ich schreiben, dass ab sofort dürfen wöchentlich nur zwei Lebensmittelpackete zugesandt werden. Jedes Packet bis zu 10 Kg. Jedem Lebensmittelpacket dürfen 15 Stück Zigaretten oder 50 gr. Rauchtabak beigefügt werden. Mutti, alle Pakete welche zu mir ausschickt, bekomme ich regelmäßig und in bester Ordnung. Es freut mich sehr, daß zu Hause seid ihr alle gesund. Ich bin so wie immer bei der besten Gesundheit. Nur die

tiefe Sehnsucht an Euch leidet mich sehr und lässt mir anständig von Euch, meine Liebsten, denken. Nur die Hoffnung habe ich noch niemals verloren, dass kommt mal die Zeit, wann werden wir wieder zusammen.
Herzlichste Grüße für die Verwandten und alle Bekannten.
Für Euch liebsten Eltern und Brüder tiefe und heiße Küsse und Umarmungen.
Immer Euer Jurek«

Im Lauf der Zeit ist Cyla für Jurek immer weiter ins Zentrum seines Lebens gerückt. Tag für Tag fiebert er der Mittagszeit entgegen, in der die SS-Leute ins Kasino verschwinden und er sich der Geliebten nähern kann. Jede ungestörte Minute nutzen die beiden. Im Horror ringsum gibt die unverhoffte Liebesbeziehung Halt. Und Jurek ist nicht der einzige, dem das so geht.
Auch ein anderer Häftling taucht regelmäßig bei den Mädchen in der Nähabteilung auf: Tadeusz Srogi aus der nahen Kleiderkammer. Schnell freunden Jurek und Tadek sich an. Die beiden kennen sich schon seit einigen Jahren. An diesem Ort, auf dem Gelände des ehemaligen Tabakmonopols, haben sie sich in der schweren Anfangszeit im Juni 1940 eine Matratze geteilt, sich dann aber aus den Augen verloren. Nun entdecken sie noch andere Gemeinsamkeiten. Tadek ist ebenfalls verliebt – in Regina, ein hübsches, etwas blasses siebzehnjähriges Mädchen mit Stupsnase und schön geschwungenen Augenbrauen, groß gewachsen und »ohne semitische Gesichtszüge«, wie sich Tadeusz Srogi noch heute erinnert. Sie kommt ebenfalls aus Łomża und schließt sich Cyla und Sonia an. Regelmäßig sitzen Jurek und Tadek nun zusammen, schnell sind sie unzertrennlich.
Im Getreidespeicher hat Jurek wenig Probleme. Pomplun, das hat er schnell gemerkt, schätzt seine Gewissenhaftigkeit und Auffassungsgabe. Die Arbeiten, die ihm aufgetragen werden, erledigt er zur Zufriedenheit des Chefs. Ganz im Gegensatz zum slowakischen Kapo Karl, der immer wieder mit Pomplun aneinandergerät.

Cyla Cybulska

Cyla verbrachte die ersten Wochen im Block 9 des Frauenlagers in Birkenau

So auch an einem Tag im Herbst 1943. Wieder einmal hat sich Karl zu »seinem Mädchen«, einer deutschen Prostituierten, geschlichen, die Erna heißt und ebenfalls Funktionshäftling ist, und dort Uhren gegen Schnaps getauscht, als Pomplun wutschnaubend durch den Speicher tobt und seinen Kapo sucht. Als er ihn später sturzbetrunken in einer Ecke findet, explodiert er. Er brauche »keine Säufer und Hurenböcke« in seinem Kommando, brüllt der SS-Mann und verkündet, er werde Karl in die Strafkompanie schikken. Das sei schließlich auch im Interesse der anderen Häftlinge, die in einem »guten Kommando« arbeiteten. Alle Interventionsversuche von Janek und Jurek, die versuchen, dem ungeliebten Kapo das Schlimmste zu ersparen, scheitern. Pomplun fixiert Jurek, dann erklärt er kurz und knapp: »Jurek, du wirst jetzt Kapo!«

Pritsche, auf der Cyla und ihre Freundin Sonia Rotszyld schliefen

1983 besuchte Cyla in Begleitung Jureks das ehemalige Lager Birkenau und ritzte ihren und Sonias Namen in ein Brett ihrer Pritsche

Während die anderen ihre Tätigkeiten wiederaufnehmen, wird Jurek ins Zimmer des Chefs bestellt.
»Na, bist du mit meiner Wahl zufrieden?« erkundigt sich Pomplun selbstgefällig.
1943 ist die Rolle der Kapos im Lager nicht mehr die gleiche wie in der Anfangszeit. Zwar tyrannisieren die meisten immer noch die ihnen unterstellten Häftlinge und machen sich zu Bütteln der Nazis. Doch werden seit gut einem Jahr immer häufiger Kapos aus dem Lager abgezogen und in die Frontbewährungstruppe »Einheit Dirlewanger« geschickt, die für ihre Grausamkeiten bekannt ist und überwiegend bei der Partisanenbekämpfung im Osten eingesetzt wird. Die Folge ist, daß immer häufiger Kapofunktionen von polnischen »Politischen« übernommen werden, die versuchen, ihren Einfluß geltend zu machen, um Mithäftlinge zu unterstützen und das Klima zu verändern. Kapo zu werden ist für Jurek dennoch ein unerträglicher Gedanke.
»Ich eigne mich dafür nicht«, stammelt er in Pompluns Büro. Doch der Chef bleibt stur. Ob Jurek dafür geeignet sei oder nicht, könne er, Pomplun, viel besser beurteilen. Er beobachte Jurek schon seit langem. »Du bist nicht dumm: Was willst du in der Schreibstube herumhängen?« Außerdem könne er die Arbeit weitaus besser als Karl erledigen, sei von allen geschätzt und in der Lage, für Ruhe im Kommando zu sorgen. Natürlich – Pomplun zuckt mit den Schultern – könne er ihm auch einen Kriminellen als Kapo vor die Nase setzen. Was das bedeute, wisse »Jupp« ja.
»Jawohl, Herr Chef«, entgegnet der geschmeichelte und doch zutiefst irritierte Jurek und schafft es immerhin, als Bedingung durchzusetzen, daß er die berüchtigte Kapobinde über dem Ärmel nicht zu tragen braucht.
Nach einer Weile stellt sich heraus, daß die neue Funktion so schlecht nicht ist. Nach wie vor hilft er Janek bei der Büro-

arbeit, bleibt für die Mithäftlinge Jurek, statt der »Herr Kapo« zu werden, und sichert sich so den Respekt der anderen. Darüber hinaus ist er für die Oberaufsicht der Lieferungen zuständig. Und, wohl das wichtigste: Der Zugang zu Cyla und ihren Gefährtinnen ist weitaus unkomplizierter als zuvor. Manchmal überläßt ihm Tietze den Schlüssel zum »Hühnerstall«, und so kann er problemlos den Kontakt halten und auch dafür sorgen, daß die Mädchen mit Lebensmitteln, Medikamenten und Sanitärbedarf versorgt werden.
Auch Tadek werden keine nennenswerten Schwierigkeiten gemacht. Natürlich wissen Tietze und Pomplun von seinen amourösen Ausflügen zu Regina, doch sie lassen den Häftling in Ruhe. Schließlich werden sie von der »Nummer 178« im Gegenzug mit den schönsten Uniformen versorgt, so daß die eitlen SS-Männer durchweg gut gekleidet durchs Lager stolzieren können.
Die Nachrichten freilich, die aus Birkenau kommen, sind erschütternd. Den Gefangenen im Stammlager entgeht nicht, was sich nur wenige Kilometer entfernt abspielt.
Zwar ist der deutsche Vormarsch längst gestoppt, zwar wissen auch die Häftlinge, daß die Rote Armee immer weiter nach Westen vorstößt und die sechste Armee der Deutschen in Stalingrad aufgerieben worden ist. Doch die Vernichtung der Juden wird mit unvermindertem Tempo fortgesetzt. Gerade scheint es, als mordeten die Nazis vor dem absehbaren Untergang ihres »Dritten Reichs« noch viel fanatischer als zuvor. Aus ganz Europa rollen Eichmanns Transporte nach Auschwitz: aus Griechenland und Norwegen, Kroatien und Frankreich, Belgien, Holland, der Slowakei.

Jureks Hoffnung, das Lager zu überleben, bleibt ungebrochen. Er ist ein »alter Häftling«, der über viele Kontakte im KZ verfügt. Es geht ihm gesundheitlich nicht schlecht, und er weiß, daß das Nazireich bröckelt. Doch den Gedanken, was aus Cyla werden soll, kann er immer seltener verdrängen. Er denkt bereits an die Zeit nach dem Krieg. An die Liebe der beiden zueinander, an ein Leben nach dem Schrecken. An eine Heirat, vielleicht an Kinder. Doch er weiß, daß Cyla als Jüdin zum Tod längst verurteilt ist.

Er blickt aus dem Fenster. Es ist Winter geworden. Jureks vierter Winter in Auschwitz. Schon im Dezember ist Schnee gefallen. Draußen werden Häftlinge zur Arbeit getrieben. Von hinten hört er die Stimme Tietzes.

»Was bist du so traurig, Jurek?« fragt er. »Du hast doch keinen Grund: Hier drinnen ist es warm, und du hast Cyla, ein Mädchen, das dich liebt.«

»Sie gönnen mir das Mädchen nicht.«

»Doch, natürlich gönne ich euch euer Glück. Ich war auch einmal jung. Schade nur, daß Cyla Jüdin ist.«

Der Winter vergeht, das Morden hingegen nimmt kein Ende. Im Stammlager ist Rudolf Höß als Kommandant von Arthur Liebehenschel abgelöst worden, und an dessen Stelle wiederum tritt im Mai 1944 Richard Baer. Einiges hat sich verbessert, und immer häufiger schnappt Jurek auf, wie die Männer der SS über den Zusammenbruch ihrer Naziherrschaft sprechen. Unter den Häftlingen heißt es bereits optimistisch: »Je höher die Sonne, desto näher Sikorski.« Sie ahnen nichts von dessen Ende.

Doch in Birkenau geht alles seinen tödlichen Gang. Hunderttausende ungarischer Juden werden ins Lager gebracht und in den Gaskammern ermordet.

Bogdan Kowalczyk, ein alter Mithäftling, kommt Jurek besuchen. »Jetzt bricht unsere Zeit an«, erklärt er zuversichtlich angesichts des Frontverlaufs. Doch als die zwei ins Plaudern kommen, verschlägt es Jurek fast die Sprache. Beiläufig berichtet Bogdan, er müsse den SS-Männern jetzt sogar beim Ausladen der Judentransporte helfen. Man könne sich kaum vorstellen, was da los sei. Ein merkwürdiger Stolz auf seine Komplizenschaft mit den Nazis schwingt in Bogdans Stimme mit. »Die Juden schreien wie wild durcheinander, wenn sie aus den Zügen kommen.« Eine schwere Zeit sei das für Juden, schließt er leutselig, um sich sodann nach Jureks Freundin zu erkundigen. »Und liebst du noch die Kleine aus Łomża?« will er wissen und fügt gleich hinzu, das sei hoffentlich keine ernste Angelegenheit: »Du weißt, wie lächerlich das ist.«

In der Nacht wacht Jurek schweißgebadet auf. Einen Alptraum hat er gehabt, ein schreckliches Bild im Kopf, das ihn nicht losläßt: Cyla wird in einer Gruppe von Frauen zur Gaskammer geführt. Dann verschwindet sie. Danach kann er nicht wieder einschlafen.

Er denkt nur noch an Cyla, den Menschen, der ihm am meisten bedeutet, seinen »Sonnenschein«.

Als er das Mädchen am nächsten Tag auf dem Korridor trifft, preßt er Cylas Kopf fest an seine Brust. »Du erdrückst mich fast«, meint sie beunruhigt. Sie spürt, daß irgend etwas geschehen ist. Dann kommen ihr die Tränen. Als habe sie seine Gedanken erraten. »Du weißt, was in Birkenau vor sich geht. Du weißt, daß sie täglich Tausende verbrennen. Sie hören nicht auf damit.« Und dann: »Sag: Was soll aus uns werden?«

Jurek weiß nicht zu antworten. Diese Frage hat er sich selbst oft genug gestellt, sie ist in den Mittelpunkt all seiner Gedanken gerückt. Aber eine Antwort hat er nicht gefunden. Jetzt sagt er nur: »Mach dir keine Sorgen, ich hol dich hier raus.«

Cyla blickt nur stumm. Und Jurek ist »dankbar, daß Cyla die Worte so akzeptiert und nicht für einen Scherz hält«.

Es war wohl dieser Moment auf dem Korridor, in dem sich die eher abstrakten Gedankenspiele in Pläne zu verwandeln begannen. Anfangs ist Jurek ratlos. Er hat keine Idee, wie er wahr machen kann, was er Cyla versprochen hat. Und dennoch weiß er, daß ihm keine andere Wahl bleibt. Er muß sein Versprechen einlösen. Um Cyla zu retten und ihrer beider Liebe. Er hat jetzt eine Verpflichtung.

Wie viele Nächte hat er schlaflos auf seiner Pritsche im Block 16a gelegen und über ein gemeinsames Entrinnen aus dem Todeslager gegrübelt. Er hat sämtliche Situationen durchgespielt, doch seit einer Weile schon kreisen die Gedanken immer nur um die eine Variante.

Jurek muß sich von Tadek eine SS-Uniform besorgen und als Deutscher das Lager verlassen. Er würde Cyla als Häftling ausgeben, der zum Verhör aus dem Lager fortgebracht werden müsse. Nur so könnten sie ungehindert die Postenkette des Lagerkomplexes passieren.

Der Plan klingt irrwitzig, dennoch glaubt Jurek, daß die Flucht nur so gelingen kann. Immer wieder wälzt er Detailfragen. Entdeckt Risiken, die er in ersten Überlegungen vernachlässigt hat. Zweifelt und kommt doch automatisch auf den Fluchtplan zurück.

Um ihn auszuführen, muß Tadek eingeweiht werden. Wäre auf ihn Verlaß? Jurek ist sich sicher. Srogi ist ein alter Häftling, mittlerweile gar der beste Freund geworden. Doch kann er es riskieren, Tadeusz durch die eigene Flucht ebenfalls zu gefährden? Wäre Tadek überhaupt in der Lage, ihm eine Uniform zu beschaffen? Er muß ihn fragen, doch eine

Chance besteht: In der Kleiderkammer lagern zu dieser Zeit bereits Uniformen für drei- bis viertausend SS-Leute.
Kann er die Rolle als Deutscher glaubwürdig spielen? Sicher, sein Deutsch ist in den letzten Jahren erzwungenermaßen immer besser geworden, ein Akzent aber zweifellos geblieben. Er muß sich als »Volksdeutscher« ausgeben – aus Rumänien oder dem Baltikum. Das könnte seine Aussprache erklären.
Wäre auf Cyla Verlaß? Er muß sie überzeugen, daß die Flucht ihre einzige Überlebenschance ist. Dennoch könnte Cylas angegriffene Nerven den Plan gefährden.
Würde er als SS-Mann eventuell von anderen Häftlingen oder Deutschen erkannt werden? Natürlich, die Gefahr besteht. Auf jeden Fall aber muß sich Jurek eine Sonnenbrille besorgen.
Was ist mit den nötigen Papieren? Wie soll die Flucht finanziert werden? Gibt es außerhalb des Lagers Verbündete, die den beiden helfen könnten? Jurek stellt sich viele Fragen. Doch eine stellt er sich nicht: ob es sich für Cyla lohnt, das tödliche Risiko einer Flucht einzugehen.
Nach ein paar Tagen vertraut sich Jurek dem Freund an. Nervös zerrt er ihn in der Mittagspause in die leere Halle.
»Ist irgend etwas passiert?« fragt Tadek unruhig.
»Was ich dir jetzt erzähle, mußt du unbedingt für dich behalten«, verlangt Jurek, und er fährt fort: »Wenn du das für mich tust, worum ich dich bitte, dann danke ich dir. Wenn nicht, ist das auch in Ordnung.«
Srogi: »Na, sag schon, worum es geht.«
Bielecki: »Es geht um eine komplette SS-Uniform.«
Srogi: »Wozu brauchst du die?«
Bielecki: »Für meinen Chef.«
Srogi: »Sag ihm, er soll morgen kommen.«
Bielecki: »Nein, nein – es soll eine Überraschung sein.«
Srogi: »Worum geht es wirklich?«

Bielecki: »Ich brauche sie für mich.«
Srogi: »Sie werden uns hängen. Das weißt du. Du willst mit Cyla abhauen. Ja? Sag es mir!«

»Auschwitz, den 14. Mai 1944.
Meine liebste Eltern und teure Brüder.
Vor allem Danke Euch herzlichst für die Namenstagswünsche, welche ich letztens bekommen habe. Die letzte Aufnahme hat mir sehr viel Freude vorbereitet. Ich bin glücklich wenn ich Eure teuren Bilder bekomme und die Nachrichten, dass zu Hause seid Ihr alle gesund und dass alles in Ordnung geht.
Ich bin weiter ganz gesund und mit jedem Tag habe die stärkere Hoffnung, dass kommt doch die lange erwartene Zeit, wenn wir uns wiedersehen werden.
Sehr oft träume ich von Euch allen und dann bin sehr, sehr glücklich und lebenslustig. Die Pakete erhalte ich regelmäßig und zeitlich im besten Ordnung. Ich bin Dir, Mutti, dafür herzlich dankbar, dass Du Dich um Deinen ältesten Sohn immer kümmerst.
Viel Grüße für die ganze Familie und Bekannten.
Euch tausend Mal küssend bleibt Euer liebender Sohn und Bruder Jurek
P. S. Ich erwarte nächste Aufnahme.«

Es dauert nicht lange, da hat Jurek in seinem Freund Tadek einen Verbündeten gefunden. Wie zwei Verschwörer sitzen sie nun immer häufiger beisammen und tüfteln an Fluchtmöglichkeiten.
Wenig später sucht Tadek den Freund auf. Er zittert am ganzen Körper. »Bereite ein Versteck vor«, stammelt er, »ich besorge die Uniform.« Da häufig Uniformen ausgetauscht und ausgebessert würden, werde es nicht auffallen, wenn

nach und nach Teile fehlten. Er werde versuchen, die Uniformteile einzeln unter seiner Jacke versteckt aus der Kleiderkammer zu schmuggeln. Jurek müsse sich nur einen geeigneten Aufbewahrungsort suchen.
Über die möglichen Konsequenzen ihres Unternehmens sprechen die beiden schon nicht mehr. Sie haben so viele Häftlinge gesehen, die nach einer gescheiterten Flucht mit einem Schild um den Hals durchs Lager geführt worden waren: »Hurra, ich bin wieder da.« Sie haben die hämischen Grimassen der Henker gesehen, die ihre Opfer derart gedemütigt durchs KZ treiben. Und sie haben die Kameraden schließlich am Galgen hängen sehen. Die beiden wissen, welches Schicksal ihnen im Falle eines Scheiterns blüht.
Ein gutes Versteck hat Jurek bereits im Visier. Oben auf dem Dachboden des Getreidespeichers, auf dem der Samen verschiedener Edelpflanzen gelagert wird, sind einige Bretter einer Wand locker. Schiebt man sie beiseite, findet man einen Hohlraum – der müßte groß genug sein, um die Uniform dort sicher lagern zu können. Vor den losen Brettern lehnen zudem einige Säcke mit Saatgut.
Am nächsten Tag schleicht sich Jurek, ausgerüstet mit Werkzeug, einem Sack und einer Schnur, zu dem Versteck. Er zieht die Bretter auseinander und befestigt den Sack an der Schnur so, daß selbst dann nichts auffallen würde, wenn man in den Hohlraum hineinschaute. Der Sack hängt herab. Um an ihn heranzukommen, braucht Jurek nur an der Schnur zu ziehen.

In diesen Tagen ist Jurek so unruhig, daß Cyla ihn fragt, was in ihm vorgehe. »Ach, es ist nichts«, versucht er sie zu beschwichtigen und meint zum Abschied: »In ein paar Wochen erfährst du alles.«
Gern hätte er sie eingeweiht. Doch das erscheint ihm als zu

Der Getreidespeicher, in dem Jerzy Bielecki die Uniform versteckte

gefährlich. Gegenüber Cyla vermeidet er fortan das Thema. Nach einigen Tagen steht Tadek wieder seinem Freund gegenüber. Er habe etwas Wichtiges, verkündet er. Dann verschwinden die beiden in einem ruhigen Moment in einer Nische, und Tadek kramt nervös aus einem Abfalleimer unter einer Müllschicht eine Uniformjacke hervor. Jurek preßt das Kleidungsstück unter seinem Hemd an sich, zieht den Bauch ein, eilt zum Kontor, in dem der Schlüssel für den Dachboden aufbewahrt wird, hetzt hinauf und versteckt die Jacke hastig in dem deponierten Sack hinter den lockeren Bohlen.

Der erste Schritt ist getan. Weitere folgen nun in unregelmäßigen Abständen. Mal kommt Tadek mit einem Hemd an, dann mit Socken, mit einer Hose und mit Schuhen. Meist bringt er die Uniformteile nun unter der Jacke verborgen zum Speicher.
Derweil beraten sie Einzelheiten. Tadek ist in einer ähnlichen Situation wie sein Kamerad aus dem Getreidemagazin. Auch er bangt um die Freundin – Regina. Und genauso wie Jurek ist ihm klar, daß die Überlebenschancen der Mädchen weitaus geringer als die der beiden nichtjüdischen Polen sind. Es wird eine Flucht zu viert erwogen. Doch wie diese im Detail aussehen soll, ist ihnen ein Rätsel. Das Risiko jedenfalls scheint ungleich größer. Es ist ungewöhnlich, daß ein SS-Mann einen männlichen und zwei weibliche Häftlinge mit sich führt – ebenso wie es nicht üblich ist, daß zwei SS-Männer sich um zwei weibliche Häftlinge kümmern. Zudem wirft Tadek ein, er könne die Aktion gefährden, weil sein Gesicht den SS-Leuten besser bekannt sei, da er ja täglich in der Kleiderkammer mit ihnen zu tun habe.
So wird diese Frage erst einmal aufgeschoben, während sich langsam zwischen Ziegelsteinen und Brettern die kleine Kleidersammlung oben im Getreidespeicher vervollständigt. Nach außen hin bleibt Jurek ruhig. Regelmäßig trifft er sich nach wie vor mit Cyla, tauscht hier einen Kuß und dort eine heimliche Umarmung mit ihr aus. Noch immer aber weiht er die Geliebte nicht in den riskanten Plan ein. Auch wenn Cyla immer stärker spürt, daß Jurek sich verändert hat.
»Was ist los mit dir«, fragt sie, »was bedrückt dich? Du bist so anders.«
»Alles ist in Ordnung. Ich habe nur viel zu tun.«
»Du fragst noch nicht einmal, wie es mir geht.«
»In Gedanken bin ich immer bei dir, Cyla. In naher Zukunft

wirst du wissen, was ich für dich zu tun bereit bin. Vertrau mir einfach, und hab etwas Geduld. Es ist alles für unsere Zukunft.«

Schweigend preßt Cyla ihren Kopf an Jureks Brust.

Die Uniform zu besorgen fällt Tadek nicht allzu schwer, denn es geht »drunter und drüber« in dem riesigen Kleiderarsenal. »1944«, sagt Tadeusz Srogi, »herrschte im Lager teilweise bereits das reinste Chaos.«

Außerdem ist Tadek sehr vertraut mit den Gepflogenheiten der SS-Männer; er weiß, wo er unbemerkt ein Teil verschwinden lassen kann. Ein anderes Problem scheint ein viel größeres Hindernis zu sein: Wie können die beiden an einen geeigneten Passierschein gelangen? Ohne den ist jeder Fluchtplan aussichtslos. An jedem Tor werden die SS-Leute von den Wachposten kontrolliert. Auch wechseln die Deutschen – eine zusätzliche Sicherheitsmaßnahme – ständig die Farben der notwendigen Ausweispapiere. Mal hat der gerade gültige Schein eine gelbe Farbe, mal ist er grün, blau oder weiß.

Während Tadek damit beschäftigt ist, die Kleidung zu vervollständigen, bemüht sich Jurek um Kontakte nach draußen. Schließlich hatte er während seiner Tätigkeit in der Mühle Babitz Beziehungen zu Zivilisten aufgebaut. Die könnten jetzt lebenswichtig werden. Und so berichtet er seinem Freund Tadek immer wieder von Gesprächen mit Helfern außerhalb des Lagers – auch wenn Tadek dem Freund nicht recht glauben mag und der Überzeugung ist, Jurek wolle ihn lediglich beruhigen. Der kümmert sich währenddessen um die Beschaffung von Geld, das auf der Flucht benötigt wird. In Birkenau ist es nicht weiter schwer, Geld aufzutreiben, das den Juden abgenommen wird. Deshalb schickt Jurek eine Nachricht an Bogdan. Der möge, bittet er,

doch ein paar tausend Reichsmark auftreiben. Es eile.
Und wirklich taucht Bogdan bereits einige Tage später im Getreidespeicher auf.
»Ich habe mitgebracht, was ich bekommen konnte«, berichtet er und drückt Jurek ein Bündel Geldscheine in die Hand.
»Wieviel ist es?«
»Viertausend Reichsmark.«
Bogdan möchte für seine kameradschaftliche Hilfe nicht belohnt werden. Dennoch reicht ihm Jurek einen Viertelliter reinen Spiritus. Ohne nachzufragen, für welchen Zweck Jurek soviel Geld braucht, macht sich Bogdan auf den Rückweg nach Birkenau.
Nach einer Weile ist auch die Uniform komplett.

Daß zwei andere Lagerinsassen zur gleichen Zeit einen fast identischen Fluchtplan ausbaldowern, weiß Jurek nicht. Seit geraumer Zeit hat Edward Galinski, ebenfalls Häftling des ersten Auschwitz-Transports und mit der Nummer 531 tätowiert, ein Verhältnis mit einer belgischen Jüdin aus Antwerpen, die in Birkenau gefangen ist: Mala Zimetbaum. Für die beiden ist es die große Liebe. Besonders Malas Zuneigung zu dem attraktiven »Edek« sei unübersehbar gewesen, erinnert sich Malas Gefährtin Anna Palarczyk, der, wie sie später schreibt, Zimetbaum anvertraut habe: »Ich bin verliebt; ich bin so verliebt; ich bin ganz glücklich.« Doch ähnlich wie Jurek und Tadek ist auch Edek verzweifelt.

Zwar hat er in seiner Funktion als Schlosser Gelegenheit, das Frauenlager in Birkenau aufzusuchen und sich mit der Geliebten im Röntgenraum des Labors für Sterilisationsversuche zu treffen, doch ist ihm ebenso klar wie seinen Leidensgenossen auf dem Gelände des Tabakmonopols, daß auch Mala ständig mit dem Tod rechnen muß. »Weißt du, daß niemand von uns Auschwitz überleben wird? Selbst wenn die Rote Armee auch nur eine halbe Stunde von uns entfernt sein wird, bleibt der SS noch genug Zeit übrig, um uns alle zu vernichten«, soll sie im Lager zu ihrer Kameradin Margita Svalbova gesagt haben.

Anfangs plant Edek seine Flucht aus Auschwitz noch ohne Mala. Von dem korrupten SS-Rottenführer Lubusch, einem polenfreundlichen Volksdeutschen, der gelegentlich mit den Häftlingen Handel treibt, hat er sich eine SS-Uniform be-

sorgt und ist nun im Begriff, mit einem männlichen Häftling, seinem Freund Wiesław Kielar, zu flüchten. Doch dann bezieht er Mala in seine Überlegungen ein.
Kielar – auch er stammt aus dem ersten Transport – ist zunächst skeptisch: »Mit einer Frau, noch dazu mit einer so gebrechlichen wie Mala, mit Malariaanfällen, werden wir nicht weit gehen können, und man muß mindestens dreißig Kilometer im scharfen Marsch zurücklegen. Sie schafft es nicht. Kann man denn auf eine mögliche Hilfe der Leute draußen bauen, wenn man in ihr eine Jüdin erkennt?«
Schließlich verzichtet Kielar auf seinen eigenen Fluchtversuch zugunsten des Liebespaars.
Mala, die als Läuferin im Lager Botendienste zu verrichten hat und über gute Kontakte verfügt, wird gebeten, sich um die Beschaffung eines Passierscheins zu kümmern. Tatsächlich erscheint sie ein paar Tage später mit einem brauchbaren Papier.

Am 24. Juni 1944, in der Mittagszeit, fliehen Mala Zimetbaum und Edward Galinski. Es ist ein heißer Samstag, das Wachpersonal der SS um die Hälfte reduziert und die Oberaufseherin Maria Mandel nicht mehr anwesend, als Edward Galinski sich, einen Arbeitsauftrag vortäuschend, ins Frauenlager in Birkenau begibt. Er passiert das Haupttor, schlüpft rechts in einen gemauerten Kartoffelbunker und tauscht dort seine Arbeitskluft gegen die Uniform eines Rottenführers aus. Zur gleichen Zeit eilt Mala auf der Lagerstraße in Richtung Hauptwache, trifft auf den SS-Unterscharführer Perschel, der sie auffordert, für einen Moment sein Fahrrad zu halten, und erreicht schließlich mit einiger Verzögerung die Blockführerstube, in deren Toilette sie ihren gestreiften Häftlingsdrillich gegen einen blauen Installateur-Overall tauschen soll.

Mala verschwindet im Abort. Draußen wartet ein anderer, in die Fluchtpläne eingeweihter Häftling, der vorgibt, ein Schloß zu reparieren. Als Mala nicht wiederauftaucht, öffnet er beunruhigt die Tür, um nach ihr zu schauen. Mala habe »blaß vor Angst und völlig durcheinander« in dem Raum gestanden, erinnert er sich später. »Sie machte den Eindruck einer Bewußtlosen.« Geistesgegenwärtig zieht der Häftling der Zaudernden den Overall über, lädt ihr eine Klosettschüssel, die sie sich zur Tarnung vors Gesicht halten soll, auf die Schulter und stößt sie ins Freie.
Von einem entfernten Beobachtungsposten aus verfolgt Wiesław Kielar die Szene. Als er Mala auftauchen sieht, gibt er dem ungeduldig wartenden Edek Galinski ein Zeichen. Nun gibt es kein Zurück mehr.
Gemessenen Schrittes taucht Galinski in der Uniform des Rottenführers auf, läßt Mala vor sich hergehen – nach der Beobachtung Kielars »lässig, normal, wie man oft einen SS-Mann sah, der einen Häftling mitführte«. Noch dreihundert Meter kann Kielar von seinem Versteck aus die Flucht der beiden Freunde beobachten, dann verschwinden sie aus seinem Blickfeld.
Bald müssen sie die große Postenkette erreicht haben, den letzten Schlagbaum, dann hätten sie es geschafft.
Keine Sirene ruft zur Jagd auf die Entflohenen. Die Kolonnen rücken von der Arbeit wieder ins Lager ein. Das Orchester spielt wie immer einen lustigen Marsch dazu. Von Edek und Mala keine Spur. Dann der Appell. Durchzählen. Noch einmal – manchmal kommt jemand zu spät. Dann die Gewißheit: Zwei Häftlinge sind geflüchtet. Der Installateur Edek Galinski, Nummer 531. Die Läuferin Mala Zimetbaum, Nummer 19880.
Sirenengeheul, Verhöre, Gestaposuchbefehle und im Lager die stille Freude der Häftlinge. Haben es also wieder zwei

geschafft, der Hölle zu entkommen. Jetzt, endlich, soll die Welt erfahren, was hier vorgeht.

Edek, wissen Vertraute, plant, sich den in Lagernähe operierenden Partisanen anzuschließen. Und Mala, heißt es gerüchteweise, habe jede Menge Dokumente mit nach draußen geschmuggelt.

»Langsam wurde mir klar, was Malas Flucht bedeutete«, gibt später Margita Svalbova zu Protokoll: »Mala wollte mit ihrer Flucht nicht nur ihr eigenes Leben retten; Mala, vertraut mit den tiefsten Geheimnissen der Lagerleitung, floh mit Beweismaterial, um ihre Anklage in die ganze Welt hinauszurufen.«

Die Berichte über Mala Zimetbaums und Edward Galinskis Bravourstück erreichen natürlich auch Jerzy Bielecki, dessen Fluchtpläne sich bereits konkretisieren. Stubendienst Józef Golus stürmt herein, hockt sich zu Jurek auf die Pritsche und bittet um eine Zigarette.

»Hast du schon gehört?« beginnt er: »Ein Häftling aus dem ersten Transport ist geflohen, du müßtest ihn kennen: Es ist Edek Galinski; er ist mit einer belgischen Jüdin abgehauen.«

Dann erzählt er die ganze Geschichte. Bielecki wird es »heiß und kalt«. Je mehr Details er über die Flucht Malas und Edeks erfährt, desto unglaublicher kommt ihm das alles vor. Doch in die Freude über das geglückte Entkommen der beiden mischt sich Panik. Wie werden die Deutschen auf die tollkühne Flucht reagieren? Würden die Kontrollmaßnahmen so verschärft werden, daß ein zweiter Ausbruchversuch mit Hilfe einer SS-Uniform vielleicht gar nicht mehr möglich sein wird? Welche Untersuchungen werden die Nazis jetzt anstellen? Und: Woher hat Galinski seine Uniform? Sofort rennt Jurek zu seinem Freund Tadek. »Hat er die Uniform von dir?« platzt es aus ihm heraus. – »Nein«, entgegnet Srogi, »vielleicht von einem Kameraden.« Dann beraten die beiden, ob eine Flucht noch praktikabel erscheint. Die Zweifel mehren sich.

Auf der anderen Seite scheinen Tadek und Jurek keine Wahl zu haben. Die Zeit läuft ihnen davon. Außerdem sind ihre Planungen schon weit gediehen. Andere Fluchtmöglichkeiten scheinen zudem viel riskanter zu sein.

In letzter Zeit hat Jurek nämlich noch etwas anderes beunruhigt. Seit einigen Wochen werden immer mehr »arische Häftlinge« – Deutsche, Polen, Russen – »ins Reichsinnere evakuiert«, um in Lagern wie Buchenwald für die deutsche Rüstungsproduktion zu arbeiten. Immer näher rücke die Front, erfahren die Gefangenen, und das Konzentrationslager Majdanek bei Lublin sei bereits zum Teil evakuiert worden. Jurek ahnt, daß in Auschwitz die gleichen Maßnahmen ergriffen würden, und er hat mitbekommen, in welcher Eile die Deutschen mittlerweile morden.
Sollte er selbst nach Buchenwald gebracht werden, glaubt er, wäre Cyla verloren.
Es ist eine Zeit, in der immer häufiger Gefangene zu flüchten versuchen. Die meisten scheitern jedoch und werden öffentlich gehängt. Auch Jurek hat eine solche Exekution mit ansehen müssen. In seinen Träumen sieht er manchmal Cyla und sich am Galgen.

Eines Tages kommt ein SS-Mann in die Kleiderkammer. Er brauche eine neue Uniform, verkündet er und läßt seine alte, an einer Stelle eingerissene Uniformjacke zurück, die genäht werden müsse. »Kein Problem«, versichert Tadeusz. – »Es muß aber schnell gehen«, drängelt der Deutsche, in einer Stunde bereits komme er wieder, und eilt davon. Tadek kramt gedankenlos in den Taschen der grünen Uniformjacke. Das tut er immer, bevor er die Teile weglegt. Doch nun bekommt er einen Schreck: In der Brusttasche der Jacke hat der Deutsche ein Stück Papier vergessen – es ist sein Passierschein. Er hat eine olivgrüne Farbe. Auf dem Zettel steht der Name des Mannes: Helmut Stehler, SS-Rottenführer. Dieses Stück Papier kann die Freiheit bringen, durchfährt es Tadek, und schon läßt er es verschwinden. An mögliche Konsequenzen verschwendet er keinen Gedanken.

Schnell hat Stehler den Verlust seines Ausweispapiers bemerkt. Als er nach einer Weile zurückkommt, fordert er Tadek unwirsch auf, ihm auf der Stelle seine alte Jacke auszuhändigen, kramt in allen Taschen, verlangt, andere Uniformen zu sehen, durchwühlt auch die. Findet nichts und brüllt cholerisch. Doch Tadek bleibt stur und weiß doch: »Deinen Passierschein siehst du nicht wieder!«
Ungehalten stürmt Rottenführer Stehler auf die Straße. Tadeusz beobachtet aus der Ferne, wie er Unterscharführer Kober aufsucht. Kober ist der Leiter der Kleiderkammer. Tadek und er kennen sich gut. Kober mag ihn, ahnt Tadeusz und hält seinerseits seinen Chef für einen »gerechten und disziplinierten Mann«. Kritisch blickt Kober Tadek an und konfrontiert ihn mit den Vorwürfen Stehlers. Nein, er wisse von nichts, beteuert Srogi. Dann rastet Kober aus. »Hau ab«, brüllt er SS-Mann Stehler an. »Was will denn ein Häftling mit einem Passierschein?«
Laut Tadek soll Stehler für seine Achtlosigkeit mit drei Tagen strenger Haft bestraft worden sein.
Kurze Zeit später taucht Tadek bei Jurek auf. »Jurek«, beginnt er geheimnisvoll, »ich habe eine Überraschung für dich, aber ich sage dir nicht, um was es geht.« Er werde morgen oder übermorgen kommen, und so lange müsse sich Jurek noch gedulden.
Zu dieser Zeit hat sich Tadeusz Srogi schon innerlich von dem gewagten Unternehmen verabschiedet. Zu riskant erscheinen ihm die Pläne des Freundes. Zwei könnten vielleicht durchkommen, glaubt er. Aber vier? Die Chancen, den furchtbaren Krieg auch im Lager zu überleben, sind möglicherweise nicht so schlecht. Jetzt, wo man die Artillerie der Roten Armee bereits hören zu können glaubt. Dennoch wird er Jerzy Bielecki bei dessen Flucht helfen, so gut er kann.

Und so fordert er tags darauf seinen Freund auf, ihm auf die Toilette zu folgen. Nur dort seien sie wirklich ungestört.
Die beiden schließen die Haupttür. Dann zieht Tadek seinen Schuh aus. Auch eine seiner Socken. Er nimmt sie, kramt darin herum und zieht einen olivgrünen Schein heraus: »KL Auschwitz. Landwirtschaft-Wirtschaftshof Budy. Anzahl der Gefangenen: 3. Begleitung: 1. Budy–Auschwitz hin und zurück. Name des Kommandoführers: Helmut Stehler, Rottenführer«.
Jurek fühlt sich, »als gäbe der Boden unter [ihm] nach«. Wochenlang hat er gebangt, ob es den beiden gelingen werde, ein solches Dokument zu organisieren. Jetzt kann er sein Glück kaum fassen. Stürmisch umarmt er den Freund.
»Versteck alles gut«, bittet Tadek nur. »Du weißt, daß sie uns für jedes einzelne Stück, das ich dir gebracht habe, aufknüpfen oder im Bunker erschießen können – von den Verhören und Folterungen ganz zu schweigen.«
Alle Voraussetzungen für eine Flucht scheinen nun erfüllt zu sein. Jetzt muß Jurek nur noch warten, daß sein grüner Passierschein gültig ist. Da die Scheine in einer bestimmten Reihenfolge – und immer für etwa eine Woche – eingesetzt werden, wird er sich eine Weile gedulden müssen.

Am 6. Juli 1944 werden Mala Zimetbaum und Edward Galinski gefaßt – dreizehn Tage nach ihrer spektakulären Flucht. Über die Ergreifung kursieren unterschiedliche Gerüchte. Mal heißt es, Mala sei in einem Restaurant in Krakau oder Bielsko einem Gestapomann wegen ihrer eintätowierten Nummer aufgefallen, mal, Edek habe, noch in SS-Uniform, Verdacht erregt, weil er in einem Geschäft oder bei einem Arzt mit Gold habe bezahlen wollen. Es heißt, die beiden Flüchtigen seien in einem Eisenbahnzug oder einem Hotel festgenommen worden, und wieder andere haben gehört, sie seien nachts in den Beskiden bei dem Versuch ergriffen worden, die slowakische Grenze zu passieren. Wegen der SS-Uniform Edeks, fehlender Papiere und mangelnder Ortskenntnis habe eine Patrouille der Grenzpolizei sie zunächst für Deserteure gehalten und in das Gefängnis nach Bielsko gebracht.

Sicher ist: Am 7. Juli 1944 sind die beiden wieder in Auschwitz, Block 11. Täglich werden sie hier vom Leiter des Vernehmungsreferats der Politischen Abteilung, SS-Oberscharführer Wilhelm Boger, verhört. Anfangs werden sie ungewöhnlich gut behandelt, doch als sie nach einigen Tagen immer noch keine Auskunft über Mitwisser oder Fluchthelfer gegeben haben, greifen die Nazis zu den üblichen brutalen Methoden. Ein Mithäftling Malas und Edeks, Jenny Spritzer, erinnert sich später, Edek nach einem Verhör gesehen zu haben: Er war »schwer entstellt, mit einem dicken blauen Auge; sein Kopf war aufgeschlagen, und das Blut rann ihm über das Gesicht. Der Anzug war am Hinterteil zerfetzt, und er lief barfuß. Und doch ging er noch aufrecht, lächelte uns an und hauchte: ›Küßt Mala für mich.‹«

Jurek trifft die Verhaftung Malas und Edeks wie »ein Schock«. Zwei, drei Tage irrt er ziellos umher, liegt nachts schlaflos auf seiner Pritsche im Block 16a, fragt sich immer wieder, was geschähe, wenn sie – Cyla und er – erwischt werden würden, ob er überhaupt das Recht habe, Cyla in Gefahr zu bringen, und doch weicht er von seinem Plan nicht ab. Tadek scheint von der Verhaftung der beiden noch stärker berührt. Er reagiert, bemerkt sein Freund, »geradezu panisch«.

Jurek hingegen versucht, »einen kühlen Kopf zu bewahren«. Welche Konsequenzen kann die Verhaftung Malas und Edeks für die eigene geplante Flucht haben?

Vielleicht, überlegt er, haben Cyla und er dadurch sogar eine bessere Chance. Die Deutschen könnten sich gerade jetzt sicher fühlen – wer würde es, kurz nachdem zwei Flüchtende gefaßt worden sind, noch wagen, auf ähnlichem Wege zu entkommen?

Doch auch eine andere Variante ist denkbar: Möglicherweise würden wegen der dreisten und deshalb für die Deutschen peinlichen Flucht die Kontrollen am Schlagbaum verschärft.

Das könnte ihnen zum Verhängnis werden.

Eines Tages sind die Mädchen verschwunden. Morgens sind sie nicht zur Arbeit im Speicher erschienen, und auch mittags ist noch keines von ihnen aufgetaucht. Und niemand weiß anfangs, wo sie stecken könnten. Jurek fürchtet das Schlimmste. Was könnte mit ihnen geschehen sein? – in Auschwitz ist alles denkbar. Unruhig hetzt er durch den Gebäudekomplex. Dann klärt Pomplun ihn auf. Er habe die Mädchen fortgeschickt. Es habe Ärger gegeben, und er könne nicht mehr verantworten, daß die hübschen jungen Frauen im Gebäude des Getreidespeichers arbeiteten.
Jurek ist verzweifelt. Er hat die Flucht bis ins letzte Detail geplant und verfügt sogar über den notwendigen Passierschein. Und jetzt ist Cyla verschwunden. Sollte alles umsonst gewesen sein?
Später erfährt Jurek, was sich zugetragen hat. In letzter Zeit war oft eine gutaussehende Blondine namens Hilda – schlank, vielleicht fünfundzwanzig Jahre alt – in den Getreidespeicher gekommen, um sich dort mit Mehl zu versorgen. Das Mädchen, eine Prostituierte aus Deutschland, arbeitete als Kapo in einem Kommando, das die Schuhe der vergasten Juden sortieren und an einer nahe gelegenen Rampe auf Eisenbahnwaggons, die nach Deutschland fuhren, verladen mußte. Von dort aus hatte das Mädchen immer häufiger Abstecher in den Getreidespeicher gemacht und neben dem Mehl bisweilen Zigaretten und auch mal einen freundschaftlichen Klaps auf den Hintern bekommen. Nicht zu übersehen war allerdings auch, daß das attraktive Mädchen in eine Affäre mit dem »Opa« genannten SS-Mann Dziadek

verwickelt war, der sich im Getreidespeicher aufhielt. Manchmal brachte sie Päckchen mit und ließ sie, wohl als Gegenleistung für Liebesdienste, vom »Opa« ins Reich schicken.

Das ging eine Weile gut, bis schließlich die Politische Abteilung mißtrauisch wurde und den SS-Senior bei seinem nächsten Gang zum Postamt aufforderte, das mitgeführte Paket zu öffnen. Zwischen eleganten Kleidern, die den Juden an der Rampe abgenommen worden waren, fanden die SS-Leute sorgfältig eingerollte Goldmünzen und bündelweise holländische Gulden, deutsche Reichsmark und amerikanische Dollars.

Das Mädchen wurde sofort von den SS-Männern mitgenommen, und niemand hörte jemals wieder etwas von ihr. Der »Opa« hingegen blieb nur acht Tage in Bunkerarrest und wurde dann zurück an seinen Arbeitsplatz geschickt.

Dies war der »Ärger«, der Paul Pomplun nervös gemacht hatte, und anstelle der Mädchen übernehmen nun sechs belgische Juden, die gerade mit einem Transport eingetroffen sind, den Dienst in der Näherei.

»Diese Nachricht wird dich freuen«, flüstert Kazek, ein Häftling, der Jurek öfter über den Weg läuft, weil er als Heizer in der nahe gelegenen SS-Wäscherei arbeitet. Er zwinkert ihm verschwörerisch zu und drückt ihm einen Zettel in die Hand. Es ist eine Nachricht von Cyla. »Ich arbeite im Stabsgebäude« steht dort handschriftlich. Und: »Bitte, nimm Kontakt mit mir auf. Cyla«. Es ist das ersehnte Lebenszeichen. Den Rest klärt der Heizer auf. Cyla werde jetzt mit allen anderen Mädchen aus ihrem früheren Kommando im Stabsgebäude eingesetzt, das nur hundert Meter vom Getreidespeicher entfernt ist. Im Keller befinde sich die Wäscherei, und seit dem Eklat mit dem »Opa« sei Cyla dort tätig. »Sag ihr, ich möchte sie morgen mittag um Viertel nach eins an der Mülltonne vor dem Stabsgebäude sehen«, bittet Jurek.

Am nächsten Tag stehen sich die beiden endlich wieder gegenüber. Weil man von allen Seiten freie Sicht auf den Platz hat, hält Jurek einige Schritte Abstand zu Cyla und tut so, als müsse er seine Schuhe zubinden.

»Ich habe schon befürchtet, dich nie wiederzusehen«, gesteht er und ist den Tränen nahe. Auch Cyla kann ihre Gefühle nur schwer unterdrücken. Zwar habe sie gewußt, daß sie sich ganz in der Nähe Jureks befinde, doch erst der Heizer habe es ihr ermöglicht, den Kontakt wiederaufzunehmen.

Noch einmal, schwört sich Jurek nach diesem Zwischenfall, wird er Cyla nicht mehr aus den Augen verlieren. Zu groß ist das Risiko, daß irgend etwas passiert. Er wird seine Pläne zügig vorantreiben. Und womöglich, überlegt er, ist die Versetzung Cylas in ein anderes Kommando gar eine glückliche Fügung. Bisher hat er mit wachsender Verzweiflung gegrübelt, wie er das Mädchen aus der Näherei herausholen solle, wenn aus dem Fluchtplan Ernst werde. Jurek ist im Getreidespeicher allen eine vertraute Erscheinung. Auch in einer SS-Uniform würde man ihn erkennen. Was also hätte er tun sollen? Sie in der Pause heimlich abzuholen und auf den Dachboden mitzunehmen, um dort seine Häftlingskleidung gegen die graugrüne Uniform eines SS-Manns einzutauschen, wäre vielleicht die einzige Lösung dieses Problems gewesen. Dann hätte er gemeinsam mit ihr das Gebäude verlassen und den weiten Weg zum Tor zurücklegen müssen – all das hätte viel Zeit gekostet und das Risiko erhöht, daß den beiden ein Bekannter über den Weg gelaufen wäre, der sich von der Rottenführeruniform

nicht hätte täuschen lassen. Doch nun könnte alles viel einfacher sein. In dem fremden Kommando kennt ihn niemand. Er könnte dort in seiner Tarnung als Deutscher auftauchen, ihre Auslieferung verlangen und einfach mit ihr verschwinden.
»Was ich anfangs für ein Unglück hielt«, so Bielecki, »entpuppte sich als günstiger Umstand.«

»Hör mir gut zu«, beschwört er Cyla, bangend, sie könnte sich seinem riskanten Plan verweigern, »in ein paar Tagen hauen wir hier ab.«
»Red keinen Blödsinn.«
Cyla hält Jureks Gerede über die gemeinsame Flucht anfangs für Träumerei. Er spinne, entgegnete sie ihm, »er sei nicht ernst genug«.
»Ich rede keinen Blödsinn. Ich bin heute extra zu dir gekommen, um dir zu sagen, daß ich dich hier herausholen werde. Du mußt mir glauben. Alle Voraussetzungen sind erfüllt. Am Vortag unserer Flucht werde ich dir Bescheid sagen.«
Ungläubig mustert Cyla den Geliebten. Gewiß, er hat schon einmal angedeutet, gemeinsam mit ihr fliehen zu wollen. Aber ist das alles ernst zu nehmen? Ist eine Flucht aus dem Lager überhaupt möglich?
»Wann ist es soweit?« fragt sie nur. Und skeptisch: »Willst du das wirklich tun?«
»Natürlich«, versichert Jurek. »Ich werde alles vorbereiten. Es kann noch zwei Tage dauern oder drei, vielleicht auch fünf. Aber der Moment wird kommen.«
Tatsächlich vergehen acht Tage, ohne daß irgend etwas Bedeutendes geschieht. Jurek trifft sich jeden zweiten Tag heimlich mit Cyla und verrichtet seine Arbeit nach Vorschrift.

Mit Tadek spricht er täglich. Der Freund hat ihm mitgeteilt, er werde sich an der Flucht nicht beteiligen, ihn aber nach Kräften unterstützen – zu dritt oder viert sei das Unternehmen viel zu riskant.

Dann hat Tadek nur noch eine Bitte geäußert: Falls er das verdammte Lager nicht überlebte, solle Jurek Tadeks Mutter aufsuchen und ihr und der Welt berichten, was hier geschehen sei. Wenn aber alles gutginge, sähen sie sich wieder: nach dem Krieg, in einem freien Polen.

Aus Rajsko, einem Dorf in der Nähe, ist wieder einmal ein Wagen gekommen, um Futter aufzuladen, mit denen die sieben oder acht verschiedenen Wirtschaftshöfe versorgt werden, die Fisch- und Hühnerzucht betreiben.

»He, Kapo!« ruft der Deutsche. »Ist der Chef da?«

»Nein. Worum geht es?«

»Es ist wegen der Ladung. Jemand muß den Lieferschein ausfüllen. Kommen Sie mit.«

Dann hält er Jurek einen Stapel Papiere entgegen, die ordnungsgemäß unterzeichnet werden müssen. Zur Bestätigung legt er pflichtbewußt seinen Passierschein auf den Tisch.

Jurek kramt in den Papieren. Dann fällt sein Blick eher beiläufig auf den Schein. Einen Augenblick benötigt er, bis sich seine Gedanken zusammenfügen: Dies ist der Passierschein eines deutschen SS-Mannes – der Passierschein ist grün, olivgrün, wie Jureks Passierschein – die »richtige Farbe« hat gerade Gültigkeit. Vor Aufregung kommt Jurek kaum zum Luftholen.

Wenn er seinen Fluchtplan in die Tat umsetzen will, muß er jetzt handeln. Auf der Stelle.

Den Rest, so scheint es ihm, erledigt er wie in Trance. Auf keinen Fall darf er jetzt zu zweifeln beginnen. Er kontrolliert das Versteck noch einmal. Öffnet den Sack hinter den Bohlen auf dem Dachboden. Die Uniform ist komplett.

Dazu hat er in den vergangenen Tagen zwei Konservenbüchsen mit Nahrung besorgt, einen Laib Brot wird er sich noch beschaffen. Außerdem hat er ein Rasiermesser beiseite gelegt, einen Regenumhang für Cyla, einen Spiegel, zwei silberne Eheringe, die sie unterwegs veräußern könnten, und die viertausend Mark.
Eine einzige Unsicherheit gibt es noch. Zwar ist der grüne Passierschein gerade gültig. Doch könnte ihnen der Name Stehler zum Verhängnis werden. Jureks größte Befürchtung ist, daß der Wachmann am Tor den Rottenführer Helmut Stehler persönlich kennt und mißtrauisch wird. Deshalb ändert er den Namen auf dem Papier in Steiner: Rottenführer Helmut Steiner, ein in Deutschland nicht gerade seltener Name, über den sich keiner wundern wird. Die Fälschung geht ihm rasch von der Hand, denn zum Glück sind die Eintragungen auf dem für ihn so wichtigen Dokument mit Bleistift vorgenommen worden. Mit Spucke verwischt er alles ein wenig. Jetzt dürfte niemandem etwas auffallen.
Dann kehrt er an seinen Arbeitsplatz zurück. Am kommenden Tag wird er Cyla treffen, so ist es verabredet.
Nebenbei hatte Jurek in den letzten Tagen angefangen, nachmittags eine Zeitlang zu verschwinden, um bessere Wurst zu organisieren. Tietze bewundert Jureks Talent, immer wieder irgendwelche Köstlichkeiten aufzutreiben, und läßt ihn, von diesen Aktivitäten profitierend, gewähren. Für Jurek hingegen ist die nachmittägliche Lebensmittelbeschaffung bereits Teil seines Plans. Er möchte, daß sich der Rottenführer an seine Abstecher gewöhnt und am Tag der Flucht keinen Verdacht schöpft, wenn der Häftling 243 wieder einmal unterwegs ist.
Gegen Mittag stehen Jurek und Cyla beieinander. Die Männer der SS sitzen bereits im Kasino und essen. Weit und breit ist niemand zu sehen.

Jurek versucht, so nüchtern wie möglich zu sein. »Am Freitag, dem 21. Juli«, beginnt er, »kommt um drei Uhr nachmittags ein SS-Mann von der Politischen Abteilung und holt dich ab zum Verhör.«

»Was meinst du?« fragt Cyla irritiert. »Ein SS-Mann?« Dem Mädchen fallen vor Schreck die beiden Eimer aus der Hand, die sie zur Tarnung mit zur Mülltonne genommen hat.

»Ich bin der SS-Mann. Ich komme in einer Uniform.«

Cyla beginnt zu zittern. »Bist du verrückt?«

»Nein, es ist alles in Ordnung. Morgen, am Dienstag, werden wir uns hier noch einmal treffen. Merk dir das gut! Wenn ich am Freitag komme, um dich zu holen, mußt du nur die Nerven behalten. Das ist wichtig.«

Langsam kommt Cyla zur Ruhe. Sie schweigt, achtet nur noch darauf, was Jurek sagt.

»Es ist nicht schlimm, wenn du am Freitag etwas nervös sein solltest. Schließlich mußt du glauben, du würdest von einem Deutschen abgeführt.« Dann trennen sich die zwei.

Zwei Tage später präzisiert Jurek noch einmal seinen Plan. Um zehn Uhr werde er am Freitag die Heberampe betreten, von der aus mit einem Flaschenzug das Getreide in den Speicher gezogen wird. Dort werde er warten, bis er Cyla kommen sehe. Das sei wichtig, weil er sichergehen müsse, daß man sie an diesem Tag nicht zu einem anderen Arbeitseinsatz geschickt habe. Erblicke er also Cyla, werde er die rechte Hand heben – das Zeichen, daß alles in Ordnung sei und die Flucht stattfinden werde. Dann solle sie zurück zu ihrer Arbeit gehen und dafür Sorge tragen, daß sie in der Wäscherei bleibe. Um vierzehn Uhr träfen sich die beiden dann ein zweites Mal an der Rampe. Gegen fünfzehn Uhr tauche er auf – als SS-Rottenführer.

Die folgenden Tage werden zu einer einzigen Qual. Jurek bekommt nachts kein Auge mehr zu. Immer und immer wieder spielt er den Ablauf der Flucht durch. Sucht nach Kleinigkeiten, die er übersehen haben könnte, und kommt schließlich doch zu dem Ergebnis, daß alles bedacht sei und das Unternehmen gelingen könne.
Cyla ergeht es nicht anders. In ihren Erinnerungen schreibt sie: »Ich war schon lange genug im Konzentrationslager Auschwitz, um zu wissen, welche Konsequenzen drohten, wenn die Flucht mißlang. Ich war verzweifelt und wollte aufgeben. Meine beste Freundin, Sonia Rotszyld, hat mich davon abgehalten – so ein Angebot zur Flucht könne ich nicht ablehnen. Sie sagte: ›Vielleicht lebst du nur eine oder zwei Wochen in der Freiheit, vielleicht fassen sie dich. Aber erzähle der Welt, was hier vor sich geht. Die Leute draußen sollen wissen, was hier mit den Menschen gemacht wird. Die ganze Welt soll es erfahren.‹ Sonia hat mich in den Arm genommen und geküßt.«

Abends ist Jurek wieder in seinem Block. Bis zur verordneten Bettruhe hat er noch mit Józef, dem Blockältesten, gesprochen, jetzt pirscht er nervös durch den stickigen Raum. Alle liegen bereits auf ihren Pritschen. Obwohl das Fenster geöffnet ist, bekommt Jurek kaum Luft in dieser überaus warmen Julinacht.

Er geht zum Fenster, atmet tief durch. Dann fällt sein Blick auf den Stacheldraht, die vom fahlen Schein der nackten Birnen in gelbliches Licht getauchten Wachtürme, die Silhouetten der sich düster abzeichnenden Baracken. Angst mischt sich in Erleichterung, daß es nun nicht mehr lange dauern wird, bis er mit Cyla sein Vorhaben endlich in die Tat umsetzen kann. Es ist schon weit nach Mitternacht, als er sich schließlich, noch vollständig bekleidet, auf die Pritsche legt und dem Morgen im Halbschlaf entgegendämmert.

Noch vor dem Morgengong steht er auf, wäscht und rasiert sich sorgfältiger als sonst. Dann steht ihm der letzte – hoffentlich der letzte – Appell bevor.

In langen Kolonnen ziehen die Häftlinge wie immer über die Lagerstraße. Das Orchester spielt wie immer eine heitere Weise. Wie jeden Tag ertönt das Kommando »Mützen ab«. Mechanisch erfolgen die Bewegungen. Dann fällt Jureks Blick, die Kolonne hat das Arbeit-macht-frei-Tor bald erreicht, auf einen Tisch zu seiner Linken. Drei blutverschmierte Leichen liegen dort, schlaff hängen die Köpfe der Erschossenen über die Tischkante. Jurek erkennt die aufgerissene Wange eines der Toten. Taumelnd versucht sich hinter dem Tisch ein Häftling aufrecht zu halten, mit der linken Hand stützt er kraftlos seinen rechten zerschossenen Arm. Die Augen sind geschlossen, am Haaransatz bildet sich ein Blutstrom. Bis Jurek richtig versteht, was er gerade gesehen hat, hat die Gruppe das Tor bereits passiert. Das makabre Schauspiel ist eine der üblichen Warnungen davor, einen Fluchtversuch zu unternehmen. An den Tod gewöhnt, trifft Jurek der Anblick der Kameraden an diesem Tag besonders schmerzhaft. Kaum noch jemand mag den Text des vom Orchester intonierten Liedes mitsingen.

»Singt!« herrscht Tietze seine Häftlinge an. »Oder wollt ihr wegen ein paar Juden in Trauer verfallen?«

Später meldet Jurek sein Kommando bei Pomplun an, versucht dabei so natürlich wie möglich zu wirken und widmet sich, etwas fahrig, der Arbeit im Speicher. Unruhig zählt er die Minuten und steht pünktlich um zehn Uhr auf der Plattform, um nach Cyla Ausschau zu halten.

Nach einer Weile erscheint sie, einen Eimer in der Rechten, am Stabsgebäude. Hastig entsorgt sie den Müll, dann wirft sie einen nervösen Blick in Jureks Richtung. Der hebt die Hand – das verabredete Zeichen. Cyla verschwindet wieder.

In der Mittagspause versucht Jurek, seine Nervosität zu bekämpfen und zu dösen. Dann, kurz nach eins, steht er auf und geht in die Schreibstube. Der Raum ist leer. Jurek steckt den Dachbodenschlüssel ein und geht hoch. Er verriegelt die Tür von innen, holt den Sack aus seinem Versteck, öffnet den Umschlag mit dem Passierschein. Dann faltet er das Papier auf. Er muß noch einige Rubriken auf dem Zettel ausfüllen. Unter »Datum« trägt er den 21. Juli 1944 ein. Dann kehrt er zu seiner Arbeit zurück und trifft auf einen gutgelaunten Tietze.

Mittlerweile fühlt er sich sicherer. Niemand scheint ihm sei-

ne innere Unruhe anzumerken, und es ist für ihn eine Erleichterung, etwas zu tun zu haben.
Um drei Minuten vor zwei steht Jurek bereits wieder auf der Hebebühne und wartet auf Cyla – da schrickt er plötzlich zusammen. Tietze kommt vorbei. Jovial bietet ihm der Nazi eine Zigarette an. Jurek lehnt ab; er will, daß der Deutsche verschwindet. Doch der macht keine Anstalten zu gehen.
Nach einer Weile sagt er: »Guck mal, wer da rauskommt« und zeigt ahnungslos auf Cyla, die sich zum Treffpunkt aufmacht. Vielleicht eine Spur zu harmlos erwidert Jurek: »Ach, das ist die aus dem Sackkommando.«
Cyla schaut zu ihnen hoch; eine Weile verharrt Jurek unentschlossen. Dann, gerade will sie sich abwenden, hebt er die Hand und erntet dafür ein empörtes »Und ich dachte, du wolltest ihr noch nicht einmal zuwinken« von Tietze. Erleichtert raucht er mit dem Rottenführer eine griechische Zigarette.

Die Zeit drängt. Wieder läuft ihm Tietze über den Weg.
»Ich gehe jetzt los, Herr Rottenführer, um Wurst zu besorgen. Es ist Zeit.«
Zerstreut blickt der Deutsche auf seine Uhr. »Es ist schon zehn nach drei.«
»Vielleicht dauert es heute etwas länger«, schiebt Bielecki nach. »Vielleicht eine Stunde.«
»Na gut. Aber wenn etwas schiefgeht – ich weiß von nichts. Gutes Gelingen.«
Oben auf dem Dachboden ist es fast unerträglich heiß. Von außen kann niemand hinein. »Mein Herz«, notiert Jurek später, »pocht wie ein Hammer.« Mit zittrigen Fingern öffnet er seinen Beutel, doch er verheddert sich mit dem Knoten und zerreißt schließlich nervös die lästige

Schnur. Er breitet den Inhalt auf dem Boden aus. Die einzelnen Uniformteile, das Geld, das Rasierzeug, der Spiegel – alles liegt akkurat aufgereiht im Staub. Dann entledigt er sich des Häftlingsdrillichs. Jurek schwitzt. Er nimmt die grüne Uniform, schlüpft hastig in die Hose und das Hemd und streift sich die Jacke über. Bindet sich eine Krawatte, zieht alles glatt, wischt sich den Schweiß aus der Stirn und atmet, um sich zu beruhigen, tief durch. Er lauscht, doch nichts Verdächtiges ist zu hören. Er legt den Gürtel mit der Pistolentasche an. In das Halfter stopft er zwei schwere Schrauben und ein Zahnrad, damit das Fehlen der Waffe nicht auffällt, hat jedoch anfangs Schwierigkeiten, den Gurt zuzuziehen. Dann schiebt er die Pistolentasche etwas nach vorn, wie die Deutschen das machen, um die Waffe schneller in Anschlag bringen zu können. Er lockert den Gürtel wieder, damit die Tasche nicht zu straff sitzt, und greift nach der Mütze mit dem Totenkopf. Packt die restlichen Utensilien in seinen Proviantbeutel. Die blaugraue Häftlingskleidung läßt er in dem Beutel verschwinden und versenkt diesen hinter den Brettern. Einmal noch überprüft er, ob er verdächtige Spuren hinterlassen hat, setzt schließlich die Sonnenbrille auf und wirft einen kontrollierenden Blick in den Spiegel.

Jurek erschrickt über das Bild, das sich ihm bietet. Einen Moment lang sieht er nicht sich, sondern einen deutschen SS-Mann. Doch dann findet er die eigene Erscheinung beruhigend – wenn er sich schon selbst nicht erkennen kann, wie sollen ihn dann Kapos oder SS-Leute identifizieren?

Noch einmal nimmt er die Mütze ab, um sich den Schweiß, der ihm schon in die Augen rinnt, abzutupfen. Jetzt ist es soweit.

Jurek lauscht an der Tür und poltert schließlich mit den nagelbeschlagenen Nazistiefeln die Treppe hinunter. Der

Lärm, den er verursacht, zerrt an den Nerven. Vor jedem Stockwerke hält er inne und horcht, ob sich jemand auf dem Korridor befindet. Nichts. Bald schon hat er den Ausgang erreicht. Ein letzter Blick nach rechts und links. In einiger Entfernung sieht er Häftlinge arbeiten. Zwei, drei Schritte, und er ist draußen, verläßt die Rampe, überquert die Gleise und steuert das Stabsgebäude an.
Zwei Häftlinge säubern die Straße. Als sie Jurek sehen, lassen sie die Schubkarre stehen und reißen hektisch ihre Mützen vom Kopf. Bielecki fühlt sich, als habe er »eine Beruhigungsspritze bekommen«. Alles erscheint so absurd. Übermütig beginnt er sogar, ein Lied zu pfeifen.
Nach ein paar Schritten kommt ihm der Arbeitsdienstführer Emmerich auf einem Motorrad entgegen. Jurek reißt sich zusammen. Er ist jetzt ein SS-Mann, kein Häftling mehr. Beide salutieren. »Heil Hitler!« Emmerich fährt weiter. Noch zwanzig Meter bis zur schweren Tür im Erdgeschoß, die zur Wäscherei führt. Ein letztes Mal geht Jurek gedanklich den Ablauf durch, dann hat er schon die Eisentür erreicht. Er tupft sich erneut die Stirn ab und rückt die Mütze gerade, dann betritt er das Gebäude. Im Korridor ist es finster. Dennoch behält Jurek die Sonnenbrille auf. Es ist nicht ganz einfach, sich hier zurechtzufinden. Zwei graulackierte Türen säumen den Gang. Jurek öffnet die Tür, hinter der er das Rattern von Nähmaschinen ausmachen kann. Am Eingang verharrt er. Rund zwanzig Mädchen beugen ihre Köpfe über die Maschinen. Dann tritt eine Frau mit gelber Kapobinde am Ärmel vor. »Was wünschen Sie, Herr Rottenführer?«
Hinten fliegt eine andere Tür auf. Eine Korpulente in SS-Uniform, etwa dreißig Jahre alt, nähert sich ihm resolut. Jurek versucht, so gelassen wie möglich auf sie zuzugehen. »Heil Hitler!«

»Heil Hitler!« antwortet die Deutsche. »Womit kann ich dienen?« Sie fragt freundlich. Blickt den Rottenführer neugierig an.
Jurek rattert mechanisch den Satz herunter, den er so viele Male schon eingeübt hat. »Ich bin von der Politischen Abteilung und habe den Auftrag, eine Gefangene zum Verhör zu begleiten.« Dann kramt er den gefalteten Passierschein hervor. »Cyla Cybulska aus Łomża, Nummer 29558.«
Die Frau in Uniform denkt nach. »Kapo, hol die Cybulska!« Dann nimmt sie den Passierschein und wiederholt die Nummer.
Das sei die Dunkelhaarige aus der Bügelstube, weiß die Kapofrau, und verschwindet hinter der Tür.
Der Schweiß kitzelt. Jurek nimmt die Sonnenbrille ab.
»Heiß heute«, meint die Korpulente.
»Ja, sehr heiß. Aber hier unten ist es auch besonders drükkend.«
Die SS-Frau lächelt. »Wenn man solche Augen hat wie Sie, braucht man doch keine Sonnenbrille zu tragen.«
Oben in der Bügelstube droht Cyla die Nerven zu verlieren. Die Brünette mit der Kapobinde steht vor ihr. Einen Moment bleibt Cyla wie angewurzelt sitzen. »Gott wird dich führen«, wispert Sonia und schubst die Freundin geradezu fort.
Jurek bemerkt die Blässe auf Cylas Gesicht.
»Ist das diese Cybulska?« fragt er.
»Jawohl, Herr Rottenführer.«
Cyla sieht mitgenommen aus. Die Beine wanken, und Schweißperlen bilden sich bereits auf ihrer Nasenspitze. Jurek hat es eilig. Er befürchtet, die Geliebte könnte in Ohnmacht fallen.
Deshalb kontrolliert er schnell die eintätowierte Häftlings-

nummer, greift sich den Passierschein, blickt kurz auf die Uhr und rückt die Uniform gerade.
»Sie bringen sie doch zum Appell wieder zurück?«
»Selbstverständlich. Andernfalls benachrichtigen wir Sie.«
Er schlägt die Hacken zusammen, daß es knallt, und sagt barsch: »Na, komm, los!« Dann wird Cyla zum Ausgang dirigiert; ein paar entgegenkommende Wäscherinnen bilden ein Spalier auf dem Gang. Nach ein paar Schritten sind Cyla und Jurek endlich draußen.
Ein schmaler Weg führt vom Stabsgebäude nach rechts, dann müssen sie einmal links abbiegen und einem Pfad folgen, der in die umliegenden Felder führt. Jurek gibt seine Kommandos auf deutsch, ansonsten schweigen die beiden. Sie passieren die Bäckerei und erreichen einen Bauplatz. In der Hitze schleppen die Häftlinge Ziegelsteine; neben ihnen steht, entspannt auf einen Stock gelehnt, der Kapo und pfeift ausgelassen. Erst als er den vermeintlichen SS-Mann mit einer Gefangenen nahen sieht, verfällt er in hektische Betriebsamkeit und schnauzt die anderen Häftlinge an. »Los, los! Schneller, schneller!«
Grünflächen säumen den Weg, der nun einen leichten Bogen nach links macht. Noch liegt vielleicht ein Kilometer vor ihnen bis zum letzten Schlagbaum.
Nach einer Weile wagt Jurek erstmals, mit Cyla polnisch zu sprechen: »Wie geht es dir?«
Cyla antwortet nicht. Zwei bis drei Meter vor Jurek marschiert sie einfach geradeaus weiter.
»Halt!« ruft Jurek, und Cyla zuckt zusammen.
Einen Moment blickt sie Jurek in seiner Uniform stumm an. Ihre Lippen zittern. »Was soll das? Ich habe Angst.«
»Die Hälfte ist doch schon geschafft. Noch ein kleines Stück, dann sind wir beim Schlagbaum.«
»Eben davor fürchte ich mich.«

»Das sind die Nerven. Du mußt dich beherrschen. Bis jetzt ist alles gutgegangen.«

Endlich lächelt Cyla schüchtern. »Du bist so anders als der Jurek aus dem Magazin.« Dann mustert sie den Geliebten von den Stiefeln bis zur Mütze. An dem Totenkopf bleibt ihr Blick hängen. Jurek bemerkt, wie sich Tränen in ihren Augen sammeln.

»Wir müssen weiter.«

Ein paar Minuten später erreichen die beiden Gewächshäuser, die zum Lager gehören. Ein Hund bellt; Gefangene sind mit der Pflanzenzucht beschäftigt; ein uniformierter Deutscher steht gelangweilt in ihrer Nähe.

»Los, los!« herrscht Jurek Cyla an. »Schneller!«

Dann müssen sie an einer Häftlingsgruppe vorbei, die Bewässerungsgräben aushebt. Am Rand steht der Kapo des Kommandos und kontrolliert mit einem Bindfaden, ob der Graben den richtigen Maßen entspricht. Als er die Stiefelschritte hört, wendet er sich um und blickt Jurek ins Gesicht.

Jurek zuckt zusammen. Es ist Kapo Hermann – der aus dem Holzhof und dem Grasmäherkommando. Die beiden kennen sich seit den ersten Tagen des Lagers.

Mühsam kontrolliert Jurek seine Schritte. Gerade will er an Hermann vorbei, da tritt dieser auf ihn zu.

»Verzeihen Sie, Herr Rottenführer. Wie spät ist es? Meine Uhr geht ständig kaputt.«

Jurek stoppt – »wie in Eis verwandelt«. Er zieht den Ärmel ein Stück zurück und hält Hermann wortlos die Uhr vor die Nase. Es ist Viertel vor vier. »Vielen Dank, Herr Rottenführer.«

Dann setzen die beiden ihren Weg fort, passieren die letzten Beete der Gärtnerei – in der Nähe einer Baumgruppe können sie schon den ersten Wachturm erkennen, daneben einen zweiten, dritten. Dahinter liegt das Dorf Rajsko. Es sind noch gut fünf Minuten bis zum Schlagbaum, als sich bellend ein Schäferhund nähert. Zähnefletschend umkreist er Cyla. Die wird nervös und weicht instinktiv einen Schritt zurück. Jurek bückt sich und greift nach einem Stein, mit dem er den Widersacher verscheuchen will. Da ruft jemand den Hund zu sich. »Rolf, bei Fuß – etwas in der Art«, erinnert sich Jurek später. Sie gehen weiter. Nun können sie schon das Häuschen sehen, in dem der Wachposten wartet. Noch hundert Meter.

Jurek beschwört Cyla: »Du mußt jetzt stark sein.« Er befürchtet, sie könne im letzten Moment die Nerven verlieren. Das Mädchen nickt nur.

Er greift in die Brusttasche, will den Passierschein hervorkramen. Doch die Tasche ist leer. Noch fünfzig Meter. Panik erfaßt ihn: Jetzt nur nicht verrückt werden. Krampfhaft denkt Jurek nach. Dann fällt ihm das Portemonnaie ein, das er in der Provianttasche verstaut hat. Zwischen den Geldscheinen findet er das Dokument.

Noch dreißig Meter. Gemächlich verläßt der Posten sein Häuschen. Der SS-Mann schließt seine Uniformjacke, setzt sich ordnungsgemäß die Totenkopfmütze auf und spielt an seinem Gürtel. Ein stämmiger, hochgewachsener Mann, vielleicht Mitte Vierzig. Bedrohlich schaukelt er auf den Fersen, die Hände hinter dem Rücken verschränkt.

Noch zehn, fünfzehn Meter. Jureks Mund ist »wie ausgetrocknet«.

Jetzt stoppt Cyla; ein paar Schritte noch, dann hat auch Jurek den Schlagbaum erreicht.

»Heil Hitler, Herr Unterscharführer.«

»Heil Hitler, Herr Rottenführer.«

Zitternd zieht Jurek den Schein aus der Hemdtasche.

»Eins, eins nach Budy zurück«, sagt er nüchtern, was in der Verwaltungssprache der Lagernazis bedeutet, daß ein SS-Mann einen Häftling zum Wirtschaftshof Budy zu geleiten hat.

Eine Ewigkeit vergeht. Erst studiert der Deutsche den grünen Passierschein, blickt dann Bielecki an, danach Cyla. Noch einmal Bielecki.

»Zurück zum Kommando Budy?«

»Jawohl, Herr Unterscharführer.«

Ein letzter Blick auf das Papier.

Tausend Gedanken kreisen in Jureks Kopf. Unendlich scheint sich die Zeremonie hinzuzuziehen.

Dann gibt ihm der Deutsche den Schein zurück. Jurek greift nach dem Papier. Er will es in seiner Jackentasche verstauen, doch der Knopf klemmt.

Meine Güte, denkt er, Tadek hätte mir eine gebrauchte Uniform besorgen sollen – diese hier ist nagelneu.

Endlich gelingt es ihm, den Zettel verschwinden zu lassen.

»Heil Hitler!«

»Heil Hitler!«

Cyla passiert den Kontrollpunkt zuerst. Jurek folgt ihr gemessenen Schritts.

Noch kann er nicht fassen, daß alles reibungslos verlaufen ist. Der Kerl muß etwas gemerkt haben, bildet er sich ein. Gleich wird er rufen: Halt, stehenbleiben! Vielleicht schießt er auch sofort – er muß ja glauben, ich trüge eine Waffe. Die Beine drohen ihm einzuknicken, doch er geht. Immer weiter. Vor sich sieht er Cyla in ihrer blauen Arbeitskleidung mit dem breiten roten Streifen auf dem Rücken, der sie als Häftling ausweist. Am liebsten würde er rennen. Doch der Verstand verbietet es, dem Gefühl nachzugeben. Oder sich wenigstens einmal umdrehen. Doch auch das würde nur unnötig Verdacht erregen.

Außerdem hält sich Cyla wacker. Schritt für Schritt führt jetzt sie die beiden in die Freiheit.
Das Hemd klebt ihm am Rücken und juckt unangenehm. Einige Schritte noch bis zur Landstraße. Etwas weiter entfernt, in der sumpfigen Gegend der Soła, stakst ein Storch durch die Landschaft. Jetzt mündet der Feldweg in eine Chaussee.
»Schneller gehen«, zischt Jurek Cyla zu. Die Straße knickt rechts ab; beim Abbiegen wagt Jurek einen flüchtigen Blick zurück: Friedlich liegt das Wachhäuschen in der glühenden Sonne. Der Posten hat es sich wieder im Schatten gemütlich gemacht.
Rajsko wirkt wie ausgestorben. Längst haben alle Bewohner den kleinen Ort verlassen müssen, der im »Interessengebiet Auschwitz« liegt. Ein paar hundert Meter entfernt fließt die von morastigen Wiesen gesäumte Soła. Ein Pferdegespann kommt den Flüchtenden entgegen, Cyla verlangsamt das Tempo. Auf dem Kutschbock kann Jurek den Sturmmann Wolf aus dem Landwirtschaftshof ausmachen – er hat große Bottiche auf der Ladefläche und treibt mit einer Peitsche die Pferde zur Eile. Als er die beiden passiert, mustert er Cyla. Jurek weiß, daß Wolf sie aus dem Getreidespeicher kennen muß. Im Weiterfahren dreht er sich noch einmal um, doch dann verschwindet er hinter der nächsten Kurve.
»Schau ihm nicht nach«, mahnt Jurek. »Ich glaube, er hat dich erkannt.«
»Was wird jetzt?«
»Ich weiß es nicht.«
Zügig setzen sie nun ihren Weg fort und verlassen die Straße hinter Rajsko, einem Trampelpfad folgend. Sie erreichen ein Wäldchen und entdecken dort eine Lichtung.
Cyla legt den Kopf an Jureks Brust. Er hört sie leise weinen.

Ein wenig rutscht ihr Kopftuch zur Seite, und Jurek streichelt ihr über das Haar.
»Das Glück wird uns nicht verlassen«, meint er tröstend, während sich Cyla die tränennassen Augen trocknet. »Vielleicht ist es besser, wenn du das weiße Kopftuch abnimmst – es könnte uns verraten.«
Dann stolpern sie über Disteln weiter, bis Cyla auf einmal stoppt und ruft: »Jurek, sieh einmal, so viele Schmetterlinge.«
Von irgendwoher kommt plötzlich ein Motorengeräusch auf sie zu. Jurek erkennt einen Kleinlaster mit Plane. Dann springen SS-Männer mit Hunden heraus. Ist es möglich, daß sie jetzt schon gesucht werden? Panisch zerrt Jurek Cyla zur Seite. In einem dichten Busch finden sie ein Versteck, doch lange können sie hier nicht bleiben. Als die Deutschen eine andere Richtung einschlagen, hetzen Jurek und Cyla bis zur Erschöpfung durchs Schilf. Immer wieder stürzt Cyla in den Morast, und immer wieder zieht Jurek sie mit sich, trägt sie durch knöcheltiefen Matsch und muntert sie auf.
Nach einer Weile erreichen sie den Rand einer Weide. Dahinter liegt ein Feld. Ein Arbeiter schärft gerade seine Sense, neben ihm steht eine junge Frau und singt ein melancholisches Lied. Es sind Polen.
Jurek und Cyla gehen zurück ins Schilf und suchen sich einen geeigneten Platz, um auf die Dunkelheit zu warten; bei Tage scheint der Marsch durch diese Gegend zu gefährlich. In ihrem Versteck können sie so wenigstens etwas verschnaufen und Brot und Wurst zu sich nehmen. Cyla tauscht ihre Lagerpantinen gegen ein Paar fester Stiefel. Selbst daran hatte Jurek also gedacht. Die Holzschuhe werden sorgsam in dem weichen Grund vergraben.
Sechs oder sieben Tage würden sie marschieren müssen, rechnet Jurek vor, dann hätten sie das Generalgouverne-

ment erreicht und diesen Ostzipfel des Großdeutschen Reichs hinter sich gelassen. Danach müßte es schnell gehen. Innerhalb kürzester Zeit könnten sie bei seinen Eltern sein.
»Wie weit sind wir wohl gekommen?« fragt sie bange.
»Vielleicht zwei Kilometer. Aber hier werden ihre Hunde uns nicht finden – das Wasser stört die Witterung.«
»Unser Schicksal liegt in Gottes Hand.« Die beiden haben schon aufgehört zu flüstern.
Langsam wird es dunkel. Und dann hören sie auf einmal das Jaulen der Sirenen von Auschwitz. Zwei, drei Minuten lang. Es ist acht Uhr abends, und die Jagd auf die Flüchtenden beginnt. Jurek lächelt. Cyla zittert. »Jetzt geht die Hölle los«, meint er, und er fragt sich, was jetzt wohl Pomplun macht. »Der rennt sicher mit einem Schießeisen durch die Gegend und brüllt.«
Während sich Jurek ausmalt, wie der SS-Mann auf das Fehlen seines Kapos reagieren mag, tobt Paul Pomplun durch die Baracken und brüllt: »Wenn ich diesen Hurensohn erwische, erschieße ich ihn an Ort und Stelle! Das werde ich eigenhändig tun.«
Nach gut zwei Stunden setzen Cyla und Jurek ihren Weg fort. In der Dunkelheit ist es nicht leicht, sich zu orientieren. Immer wieder stürzen die Flüchtenden über Sträucher und in Pfützen. Dann erreichen sie einen kleinen Pfad, der das Vorankommen erleichtert. In einiger Entfernung sind flakkernde Lichter auszumachen; behutsam nähern sich ihnen die beiden und können die Konturen junger Menschen mit Taschenlampen ausmachen. Einen Moment lang hat Jurek die Hoffnung, es handle sich um in der Lagergegend operierende Partisanen, doch aus seinem Versteck heraus kann er die Fremden belauschen – es sind Deutsche. Vorsichtig zieht er sich zurück.
Nach einer Weile erreichen sie den Fluß. Endlich können sie

ihren Durst löschen, der sie schon seit Stunden quält – einmal hat Jurek Cyla nur mit Mühe davon abhalten können, aus einer verschmutzten Pfütze zu trinken. Er ärgert sich, daß er vergessen hat, eine Feldflasche einzupacken.

Auf irgendeine Weise müssen sie die Soła überqueren. Doch das scheint riskant. Die Deutschen suchen sie jetzt, das ist sicher. Und eine der ersten Maßnahmen dürfte die Kontrolle der Brücken sein.

Im Süden heult eine Sirene. Nur kurz, dann verstummt das Signal. Wahrscheinlich handelt es sich um eine Fabrik, in der der Schichtwechsel eingeläutet wird. Jurek denkt nach: In der Nähe liegt der Ort Zasole, nicht weit entfernt führt eine Brücke bei Skidzyń über den Fluß. Mit zusammengekniffenen Augen macht Jurek eine Gruppe von Arbeitern aus. Die Lichter ihrer Helmlampen schaukeln durch die Nacht. Aus sicherer Entfernung beobachtet Jurek, daß die Zivilisten eine Brücke überqueren. Bewaffnete sind nicht zu sehen. Als die Menschen verschwunden sind, hasten Jurek und Cyla über die Brücke und schlagen sich in östlicher Richtung durch ufernahe Felder.

Nachdem sie ein Dorf, in dem Hunde kläffen, weiträumig umgangen haben, legen sie sich in der Morgendämmerung in einem Roggenfeld schlafen.

Am 22. Juli 1944 trifft um neunzehn Uhr fünfunddreißig bei der »Geheimen Staatspolizei – Staatspolizeistelle Litzmannstadt« das Telegramm »Nummer 4509« ein. Es kommt aus dem Konzentrationslager Auschwitz römisch I und ist gezeichnet mit »Baer«, dem Namen des Lagerkommandanten.

»Betr.: poln. Schutzh. Bieletzki, geb. 28. 3. 21 zu Slaboschow, zuletzt wohnh. gewesen: Michalowitze, Kr. Miechow, eingeliefert am 14. 6. 1940«.

Bielecki, informiert die Nachricht, sei »am 21. 7. 1944 aus KL.-AU. roem I entflohen. Sofort eingeleitete Suchaktion bisher ohne Erfolg.« Weitere »Fahndungsmasznahmen« würden erbeten: »Im Ergreifungsfalle KL.-Auschwitz umgehend benachrichtigen.«

Das Schreiben erhält darüber hinaus folgende »Personenbeschreibung: 1,78 grosz, d'blonde Haare, spricht Poln. blaugraue Augen, besondere Kennzeichen: am linken Unterarm eintaetowierte Nummer 243.« Ebenfalls gefahndet wird nach einer »Schutzhaftjüdin« mit der »Nummer 29558«.

Gegen halb elf wachen Jurek und Cyla in dem Kornfeld auf. Bis zum Abend müssen sie hier noch warten, und nach einer Weile wird die Sonne schon fast unerträglich. Um sich abzulenken, kriecht Cyla aus dem Versteck und pflückt ihrem Geliebten einen Blumenstrauß. Dann versucht sie den roten Rückenstreifen abzukratzen, der sie als Auschwitz-Häftling leicht identifizierbar macht. Zu essen haben sie erst einmal

334

Geheime Staatspolizei — Staatspolizeistelle Litzmannstadt

Nachrichten-Uebermittlung

Aufgenommen Zeit Tag Monat Jahr	Raum für Eingangsstempel	Befördert Zeit Tag Monat Jahr
19 33 von 22. Juli 1944 durch Chi	Kripo und Kutno haben Abschr. erhalten.	an durch
		Verzögerungsvermerk
.-D. Nr. 4509	Telegramm — Funkspruch Fernschreiben Fernspruch	

+ KL AUSCHWITZ NR. 7141 22.7.44 1130 =DR=
AN ALLE OESTL. STAPO(LEIT)- KRIPO(LEIT) STELLEN UND
G.P. KOMM., BESONDERS KATTOWITZ UNDNKRAKAU=
BETR.: POLN. SCHUTZH. B I E L E T Z K I , GEB.
28.3.21 ZU SLABOSCHOW, ZULETZT WOHNH. GESEWESEN:
MICHALOWITZE, KR. MIECHOW, EINGELIEFERT AM 14.6.40
VOM KDR.D. SIPO U.D. SD KRAKAU, AUSZENDIENSTSTELLE TARNO
O.AZ.-
PERSONENBESCHREIBUNG: 1.78 GROSZ, D' BLONDE HAARE,
SPRICHT POLN. BLAUGRAUE AUGEN, BESONDERE KENNZEICHEN:
AM LINKEN UNTERARM EINTAETOWIERTE NR. 243.=
B I E L E T Z K I AM 21.7.1944 AUS KL.-AU. ROEM 1
ENTFLOHEN. SOFORT EINGELEITETE SUCHAKTION BISHER OHNE
ERFOLG. WEITERE FAHNDUNSMASZNAHMEN VON DORT AUS ERBETEN
IM ERGREIFUNGSFALLE KL.-AUSCHWITZ UMGEHEND
BENACHRICHTIGEN.=
ZUSATZ FUER STL. KATTOWITZ: UMLIEGENDE GEND. POSTEN
WURDEN F VON FLUCHT FERNMUENDLICH VERSTAENDIGT N DESGL
HAUPTZOLLAEMTER KATTOWITZ, BIELITZ, TESCHEN ZUR
MITFAHNDUNG VERANLASZT.=
ZUSATZ FUER KRAKAU: AUSSCHREIBUNG B I E L E T Z K I
IM SONDERFAHNDUNSBUCH VON DORT AUS VERANLASSEN.=

ROEM 2/243/22.7.44 SCHU.- BO.= KL. AU. ROEM 1
GEZ.: B A E R .+

genug, nur der Durst quält. Manchmal trägt ein leichter, wohltuender Wind Stimmen herüber. Auf einem Feld hütet ein Junge Kühe.

Gegen Mittag macht sich Tadeusz Srogi mit ein paar Töpfen auf den Weg zur Lagerküche. Von der Flucht des Freundes hat er noch nichts mitbekommen, und so plant er für einen kurzen Plausch einen Abstecher zum Getreidespeicher. Doch in der Schreibstube sitzt statt Jurek Marian Wudniak. »Schnauze halten«, zischt Marian, zieht Tadek mit verschwörerischem Blick zur Seite und raunt: »Jurek ist geflüchtet.«

Srogi bekommt »weiche Knie«. Tausend Gedanken schießen ihm durch den Kopf. »Hoffentlich hat Jurek alles richtig gemacht«, bangt er und befürchtet, er könne seine Häftlingskleidung nicht sorgfältig genug versteckt haben: »Hätten sie Jureks Streifenanzug gefunden, wäre klar gewesen, daß er in einer SS-Uniform getürmt ist. Dann wäre der Verdacht natürlich sofort auf mich gefallen.«

Nervös verläßt Tadek den Speicher und versucht, sich eine Version für ein bevorstehendes Verhör zurechtzulegen. Daß sie ihn zur Untersuchung abholen würden, davon ist er überzeugt.

Gegen Abend ziehen dunkle Wolken auf. Wenig später beginnt es zu regnen. Das tut gut nach der Hitze des Tages. Und auch wenn der Marsch jetzt wieder beschwerlicher werden wird, deutet Jurek das Wetter als gutes Zeichen. »Dann halten sich die meisten Menschen in ihren Häusern auf.«

Ohne Orientierung laufen die beiden los. Wenn sie Stimmen hören, ziehen sie sich zurück, warten ab, bis die Gefahr vorüber ist, und hetzen weiter. Einmal schreckt ein betrunkener deutscher Soldat die beiden auf. »Ein verfluchtes Wetter, Hans«, ruft er, während er gegen einen Baum pinkelt. Dann erkennen sie die Umrisse der Buna-Werke und später den schon erfreulich matten Schein der Lager Auschwitz und Birkenau.

Wenn sie die Felder überqueren, versuchen sie sowenig Spuren wie möglich zu hinterlassen. Manchmal stapft Jurek absichtlich eine Weile im Zickzack umher, um mögliche Verfolger in die Irre zu führen. Das alles kostet viel Kraft und auch Zeit.

Und immer häufiger hat Cyla nun unter Schwächeanfällen zu leiden. Manchmal bricht sie weinend zusammen. »Ich weiß nicht, ob ich das alles aushalte«, zweifelt sie und beginnt unregelmäßig zu atmen.

Übermüdet stolpern sie weiter und erreichen eine Dorfstraße. In einem Haus dringt noch Licht aus einem Fenster. Unentschlossen nähert sich Jurek dem Gebäude. Sie wissen nicht, wo sie sich befinden, und Cyla droht aufzugeben. Er klopft an die Tür. Jurek hört das Knarren eines Bettes, wenig später wird eine Gardine zur Seite gezogen, ein Frauenkopf lugt aus dem Fenster, dann wird die Tür von innen geöffnet.

»Hermann, bist du das?« Einen Moment lang verharrt Jurek geräuschlos in der Dunkelheit, dann eilt er zu Cyla. Gemeinsam durchqueren sie im Laufschritt das Dorf und drosseln das Tempo erst am Ortsausgang. Hier fühlen sie sich sicher. Auch die aufgeschreckten Hunde verstummen nun. Vor ihnen, links und rechts der Landstraße, liegen Felder; einige Meter entfernt steht ein Schuppen.

Zu spät erkennt Jurek die Glut einer Zigarettenkippe am Boden. Nur ein paar Meter vor ihnen warten einige Männer. Eine Taschenlampe blitzt auf.

»Halt! Stehenbleiben!« fordert einer. Im ersten Moment

denkt Jurek daran, wegzulaufen, doch Cyla klammert sich ängstlich an ihn, und schon blendet sie der Strahl einer Lampe. Drei Deutsche umringen die Flüchtenden. Doch als der Wortführer Jureks Rottenführeruniform erkennt, schultert der Trupp die zuvor bedrohlich auf die Fremden gerichteten Karabiner.

»Verzeihen Sie, Kamerad.«

Die Taschenlampe wird auf den Boden gerichtet.

»Wohin so spät?«

»Nach Zator«, improvisiert Jurek, »zur Eisenbahn.«

Der Zivilist trägt einen schwarzen Mantel, am Ärmel eine Hakenkreuzbinde.

»Und woher kommen Sie, wenn ich fragen darf?«

»Aus Walsdorf.« Er müsse nun zu seiner Einheit zurückkehren, da der Urlaub vorbei sei. Seine Schwester, Jurek deutet auf Cyla, bleibe bei einer Tante in Zator.

»Kann ich Ihren Urlaubsschein sehen?«

Der Anführer der Patrouille weiß nicht recht, was er mit den seltsamen Fremden anfangen soll.

»Nein, nein«, antwortet Jurek aufgebracht, »mich darf nur die SS kontrollieren.«

»Sie täuschen sich. Wir haben das Recht, jeden zu kontrollieren, der vorbeikommt.«

Eine Weile geht das so weiter. Schließlich schweigen die Dorfschützer verlegen. Eine angespannte Stille tritt ein. In kleinen, unmerklichen Schritten versucht sich Jurek mit Cyla von der Gruppe zu entfernen. Dann erlischt die Lampe. Jurek zerrt Cyla geistesgegenwärtig in den Graben und stürzt mit ihr hinter die dichten Weidenbüsche, die die Straße säumen. Dann nehmen sie nur noch das nervöse Geknatter der Gewehre hinter sich wahr und sehen Funken sprühen, als ein Schuß über den Asphalt peitscht. Atemlos erreichen sie hinter einem kleinen Hang ein Feld und verschwinden im Getreide.

In der Nässe kauern sie sich fröstelnd aneinander. Jurek spürt Cylas Herzschlag. Längst haben die Verfolger in der Finsternis ihre Fährte verloren. Ein paar Minuten verharren sie so im Nieselregen, um Kraft zu sammeln. Dann müssen sie weiter, denn das Feld kann keinen sicheren Schutz bieten. Zu nah sind sie noch an der von Deutschen besiedelten Ortschaft, zu einsehbar erscheint das Getreidefeld, in dem sie sich befinden; ein nicht weit entferntes Waldstück scheint mehr Schutz zu bieten. Erschöpft fallen die Gehetzten kurz darauf unter einer Fichte in tiefen Schlaf.

Kontinuierlich verschlechtert sich nun Cylas Zustand. Sie bekommt ihre Periode. Immer häufiger liegt sie nur noch weinend da und hält sich den von Krämpfen geplagten Bauch. Jurek zerreißt sein Hemd und reicht ihr die Fetzen, Waschmöglichkeiten gibt es in dieser Gegend nicht. Tiefschwarze Ringe unter den Augen der Geliebten fallen ihm auf, er legt Cyla die Hand auf die Stirn und stellt fest, daß die Erschöpfte Fieber hat und daß ihr Puls rast.

Cyla verlassen die Kräfte. »Mir war alles egal – ob sie mich faßten oder nicht«, erinnert sie sich später. »Ich wollte nur Ruhe, ich wollte mich einfach auf die Erde legen. Ich habe Jurek angefleht, mich meinem Schicksal zu überlassen, weil ich für ihn nur eine Belastung darstellte. Wenn er mich hier liegen ließ, hatte er eine größere Chance, sich selbst zu retten.«

Doch Jurek will davon nichts hören. »Wir sind gemeinsam aus dem Lager geflüchtet, jetzt bleiben wir auch zusammen.«

Zwei Tage sind vergangen, und Tadek ist immer noch nicht zur Politischen Abteilung zitiert worden. Mit seiner Suppenschüssel begibt er sich wie jeden Tag zur Küche, da kommt ihm ein Pferdewagen entgegen. Der SS-Kutscher er-

kennt ihn und stoppt unverzüglich. »Du hast Jurek geholfen«, brüllt er und läßt seine Peitsche in der Luft knallen.
»Was denken Sie von mir?« stottert Tadeusz. »Wie hätte ich das tun sollen?« Ihm sei allerdings aufgefallen, daß sich Jurek in letzter Zeit sehr häufig bei SS-Männern aufgehalten und Wodka getrunken habe. Sein Verdacht sei, daß die etwas mit der Sache zu tun hätten. Unbegreiflicherweise läßt der Deutsche Tadek in Ruhe und zieht von dannen.
»Irgendwann werden sie mich holen«, glaubt der Häftling dennoch.

Fünf Tage sind Jurek und Cyla mittlerweile auf der Flucht. Einen Teil des Vorrats haben sie bereits aufgezehrt: sowohl das anderthalb Kilo schwere Kommißbrot als auch einen Teil des salzigen Konservenfleischs, das den Hunger stillt, den Durst jedoch unerträglich steigert. Wenn sie an einen Bach kommen, trinken sie auf Vorrat; entdecken sie Gemüsebeete, stopfen sie sich die Taschen voll mit Karotten. Unterwegs kauen sie Weizenkörner.
Orientierung gibt ihnen meistens nur der Sonnenstand. Jetzt folgen sie Bahngleisen. Lange hielten sie auf diese Weise den Strapazen nicht stand, befürchtet Jurek, als ihm in einiger Entfernung ein gepflegtes Bauernhaus ins Auge fällt. Obstbäume umgeben die Kate.
»Sollen wir es riskieren, uns hier nach dem Weg zu erkundigen?« fragt Jurek, von der Hoffnung getragen, nun auf Polen zu treffen. Vielleicht sind die Menschen ja hilfsbereit. Die Szenerie jedenfalls lädt zum Verweilen ein. Endlich möchte er es wieder einmal mit Landsleuten zu tun haben und die verhaßte Nazikleidung loswerden.
Er klopft, hört Schritte, wartet ungeduldig.
Dann erscheint eine Frau im Schlafrock und bleibt verwundert in der Tür stehen.

»Guten Morgen. Sind Sie deutsch?« erkundigt sich der Besucher freundlich.
»Ja.«
»Sagen Sie: Wie weit ist es bis zur Grenze zum Generalgouvernement?«
»Ich habe keine Ahnung«, antwortet die Frau irritiert. »Aber ich kann meinen Mann fragen, er ist Straßenmeister.« Sie schließt die Tür. Minutenlang geschieht gar nichts. Jurek klopft erneut. Ungeduldig. Er möchte nicht allzuviel Zeit bei den Deutschen verlieren. Seine Blicke wandern umher. Dann entdeckt er eine Telefonleitung, die zu dem Haus führt, und läuft mit Cyla panisch davon. Inzwischen ist es schon hell. »Die Grenze zu erwähnen war ein Fehler«, stellt er beunruhigt fest und ärgert sich über seinen Leichtsinn – wohl eine Folge nachlassender Aufmerksamkeit.
Die tagelange Flucht zehrt an den Nerven.
Einmal sieht Jurek einen Stacheldraht und glaubt bereits, die ersehnte Grenze erreicht zu haben – doch er steht lediglich vor einer eingezäunten Weide.
Allerdings kommen sie jetzt gut voran. Sie überqueren freie Felder, Jurek trägt Cyla über einen kleinen Bach, und sie folgen kilometerlang einer Chaussee.

Tadek scheinen sie im Lager doch nicht im Verdacht zu haben, an der Flucht beteiligt gewesen zu sein. Nach ein paar Tagen beruhigt er sich: Noch immer ist niemand gekommen, um ihn mitzunehmen. Auch andere aus dem Getreidespeicher sind nicht zur Rechenschaft gezogen worden. Dennoch reißt ihn eines Tages eine seltsame Nachricht aus der Ruhe. Ein Häftling ist wegen irgendeines angeblichen Vergehens zur Politischen Abteilung zitiert worden. Nun kommt er zurück und behauptet, man erzähle sich, daß

Jurek und Cyla geschnappt worden seien und gerade im Todesblock gefoltert würden.
Sie hatten sich gegenseitig geschworen, den anderen nicht preiszugeben. Aber würde Jurek unter Folter das Geheimnis wahren können? Tadek wird fast wahnsinnig: vor Angst, man könnte ihn mit der Flucht in Verbindung bringen, aber auch aus Sorge um den Freund. »Das geht mich nichts an«, versucht er sich zu besänftigen. »Dann muß Jurek eben die Konsequenzen tragen.«
Doch als sich die Gerüchte nicht bestätigen, ist er sicher: »Die SS weiß von nichts.«

Die Nacht verbringen Jurek und Cyla in einem Roggenfeld. Cyla erwacht. Geräusche haben sie aus dem Schlaf gerissen. Behutsam zupft sie Jurek am Ärmel und flüstert: »Psst. Hörst du? Da unterhalten sich zwei Leute.«
Vorsichtig robbt Jurek durch das Feld. Keine vier Meter von ihrem Nachtquartier entfernt schärft ein Mann – Mitte Vierzig, schätzt Jurek – seine Sense. Neben ihm steht eine junge Frau, die damit beschäftigt ist, die geschnittenen Halme zu binden. Atemlos verharrt Jurek eine Weile auf dem Boden und wartet darauf, daß die beiden ihr Gespräch fortsetzen. Irgendwann sagt der Mann mit der Sense etwas auf polnisch. Erleichtert kriecht Jurek zu Cyla zurück. Kurz beraten die beiden. Bleiben können sie nicht, das Getreide wird gemäht. Entweder sie versuchen jetzt quer durch das Feld zu entkommen – was nicht leicht sein dürfte, da der Vorsprung gering und es fast unmöglich ist, keine Spuren der Verwüstung in dem Feld zu hinterlassen. Oder sie offenbaren sich den beiden. Immerhin sind es die ersten Polen, die sie seit Tagen zu Gesicht bekommen. Die Chance, daß die Landsleute den Flüchtenden helfen, ist so gering nicht, glaubt Jurek.

Er beschließt, den Mann anzusprechen. Mühsam zwängt er sich aus seiner Uniform und entledigt sich auch der SS-Mütze. Dann robbt er an den Rand des Getreidefelds, ist noch zwei, drei Meter von dem Landarbeiter entfernt und hebt, sich auf den Knien vorsichtig aufrichtend, die Hand.
»Mein lieber Herr, ich bin in einer kritischen Situation«, sagt er. »Ich habe mich hier versteckt, weil ich vor den Deutschen getürmt bin. Sie haben mich in Breslau zur Arbeit gezwungen, aber nun will ich ins Generalgouvernement und finde den Weg nicht. Ich bin Pole und Christ. Können Sie mir helfen?«
Der Angesprochene bleibt ohne bemerkbare Gefühlsregung stehen, dann rammt er seine Sense in die Erde, stützt sich auf und denkt nach. Jurek mustert ihn. Der Mann hat eine wohl von jahrelanger Feldarbeit geprägte kräftige Statur und markante Gesichtszüge. Jurek gefällt das Gesicht. Der Mann scheint energisch zu sein, denkt er. Die junge Frau neben ihm schätzt er auf Mitte Zwanzig. Neugierig blickt sie zu dem ungewöhnlichen Fremden herüber.
»Ich kann mich für Ihre Hilfe auch revanchieren. Ich habe noch etwas Geld und bezahle Ihre Dienste gern.«
»Hören Sie auf, über Geld zu reden. Wenn ich Ihnen helfe, dann bestimmt nicht deswegen.«
»Ich wollte Sie nicht beleidigen. Ich habe nur noch ein paar Reichsmark übrig, und die sind in Polen nichts wert.«
»Na gut«, sagt der Mann, »ich werde jetzt gehen und der Frau sagen, daß wir mit dem Feld noch warten und für heute aufhören müssen. So können Sie den Tag über hierbleiben. Heute abend kommen Sie dann zu mir.« Jurek müsse nur der Ackerkante folgen, dann gelange er an einen Zaun, hinter dem der Obstbaum stehe. Gehe er durch das Tor, sehe er links das Haus der Deutschen, für die er arbeite, und rechts wohne er.

Dann lassen Mann und Mädchen die Arbeit liegen, und Jurek kehrt zu Cyla zurück, die die ganze Zeit unruhig im Versteck ausgeharrt hat.

»Sie wollen uns helfen«, verkündet er, »ich werde heute abend zu ihnen gehen. Aber es kann auch eine Falle sein, darum ist es besser, du bleibst hier.«

Cyla reagiert auf Jureks Plan hysterisch. »Laß mich nicht allein«, fleht sie. Doch Jurek läßt sich nicht beirren: »Wenn er die Deutschen benachrichtigt, erwischen sie nur mich.« Sollte das passieren, müsse Cyla versuchen, sich in Richtung Krakau nach Osten durchzuschlagen. »Umgehe den Ort Słomniki, dann erreichst du das Dorf Muniakowice. Frag dort nach einem Herrn Jan Marusa, das ist mein Onkel. Erzähle ihm alles; er wird dir helfen.«

Abends umarmt und küßt er Cyla noch einmal, dann macht er sich auf den Weg.

Der Landarbeiter sitzt bereits gelassen auf der Schwelle seines Häuschens, das an einen Schuppen erinnert, und raucht eine Zigarette. »Ich mußte lange auf Sie warten. Kommen Sie herein.«

Die einzige, spärliche Lichtquelle in der bescheidenen Unterkunft ist der Ofen, in dem einige Scheite glühen. In einer Wiege weint ein Baby. Zärtlich nimmt die junge Frau den Säugling und steckt ihm einen Schnuller in den Mund. Dann wendet sie sich Jurek zu. »Sie sehen schlecht aus«, sagt sie und streichelt ihm mitfühlend über die Wange. »Ich bringe Ihnen jetzt etwas zu essen.« Sie kommt mit einem Topf zurück, in dem dicke Graupen in Sauermilch schwimmen.

»Ich habe seit Tagen nicht mehr richtig gegessen«, gesteht Jurek.

»Sie haben doch Geld.«

»Ja, aber die Angst, erwischt zu werden, war zu groß, und

so habe ich versucht, mich abseits der Ortschaften durchzuschlagen.«
Eine Weile setzen die Gastgeber ihre Befragung fort, dann, noch bevor er sich über das Essen hergemacht hat, unterbricht Jurek sie.
»Seid mir nicht böse, aber meine Schwester ist noch im Kornfeld.« Längst hat er Vertrauen zu den beiden Zwangsarbeitern gefunden.
»Lauf, Junge, und hol deine Schwester«, fordert die junge Mutter Jurek auf, der schon auf dem Sprung ist.
Cyla kann es kaum erwarten, ihn wiederzusehen. Noch ehe er das verabredete Pfeifzeichen geben kann, stürzt sie aus dem Feld. »Jurek, bist du es?« Sie weint vor Erleichterung. So stehen sie kurz beisammen in der Vollmondnacht, dann drängt er zum Aufbruch. »Wir gehen zum Abendessen.«
Die Mahlzeit könnte köstlicher nicht sein. Lange sitzen sie mit den gastfreundlichen Polen zusammen, erhalten sogar einen Nachschlag und eine Zigarette. »Wie weit ist es bis zur Grenze?« erkundigt sich Jurek und erfährt, daß sie nur noch drei Kilometer vor sich haben.
Selber nach Polen führen könne er sie nicht, erklärt der Mann, er stamme nicht aus dieser Gegend und kenne die Grenze nicht gut genug. Aber ein Vetter von ihm wohne im Nachbardorf, nur etwa zwei Kilometer entfernt. Er werde sie ein Stück begleiten.
Dann verabschieden sie sich von der jungen Frau. Jurek zieht fünf oder sechs Hundert-Reichsmark-Scheine aus dem Portemonnaie, die er gegen anfänglichen Widerstand auch los wird. »Ich brauche sie wirklich nicht mehr, wir sind ja bald in Polen.« Dann bricht die kleine Gruppe auf.
Seine Uniformjacke und die Mütze hat Jurek, bevor er zu den Zwangsarbeitern ging, in seinem Beutel verstaut. Jetzt zerrt er sie hervor und reißt von der Jacke Kragen und

Knöpfe, Schulterstücke und Ärmel ab, um sie als Weste tragen zu können. Die Ärmel behält er, um sie später zu Socken umfunktionieren zu können. Den Rest, Pistolentasche, Kragen und Mütze, wirft er weg.

In seiner schmutzverkrusteten Hose, dem braunen Hemd und der Weste sieht er nun aus wie viele Zivilisten in Zeiten des Kriegs.

Bald erreichen sie den Ort Bachowice. »Ihr kommt demnächst an einer Kapelle vorbei«, meint der Zwangsarbeiter zum Abschied. »Dort müßt ihr rechts abbiegen. Folgt einem kleinen Weg; im dritten Haus auf der rechten Seite wohnt mein Cousin. Er ist Organist in der Kirche und heißt Stanisław Kosowski. Sagt ihm, ich hätte euch geschickt. Mein Name ist Wojciech. Viel Glück.« Dann kehrt er um, Mitternacht ist schon vorüber.

Kosowski muß wohl schon vom Gekläff seines Hundes aufgewacht sein, dennoch reagiert er anfangs nicht auf das Klopfen an seiner Tür. »Machen Sie bitte auf«, ruft Jurek, »Herr Wojciech aus Grodzisko hat uns geschickt. Ich bin der Taufpate seines Kindes.« Schnell legt sich das anfängliche Mißtrauen des Organisten. Mit einer Decke über den Schultern und in Unterhose tritt er ins Freie und leuchtet den beiden späten Gästen mit einer Petroleumlampe den Weg.

Jurek berichtet in schillernden Farben von seinem Schicksal als Zwangsarbeiter in Breslau und schlägt – »Wir sind schon satt« – dankbar das angebotene Nachtmahl aus. Dann erscheinen der achtzehnjährige Sohn Jasiu, die Tochter und die Ehefrau Kosowskis. Nach einer kurzen Unterredung beschließen sie, Cyla und Jurek in der Scheune zu verstecken.

Zwei Nächte verbringen Jurek und Cyla in dem Verhau. Das Essen ist vorzüglich, und endlich haben die beiden die

Möglichkeit, sich gründlich zu waschen. Jurek kann sich sogar rasieren. Durch die Bretter der Scheune können sie nach draußen spähen. Unruhig erwarten sie den versprochenen Führer, der sie auf die polnische Seite bringen soll.
Am Morgen des zweiten Tages dann scheint endlich etwas zu passieren. Schon früh schlägt der Hund an und wird von einer Frauenstimme besänftigt. »Azor, erkennst du mich nicht?« Dann verschwindet die Fremde in dem Haus. Nur kurze Zeit darauf taucht Jasiu auf und verkündet knapp: »Macht euch fertig, ihr geht zur Grenze.« Er führt die beiden in die Stube, wo die Mutter ihnen gerade ein letztes Frühstück zubereiten will.
»Das kommt gar nicht in Frage«, meint eine ältere Frau mit Kopftuch resolut. »Wir müssen uns beeilen, es wird ja schon hell.«
Schnell schnürt Frau Kosowski ein Proviantpaket, dann werden die Gäste aus dem Haus geschickt. Die Alte hat einen großen geflochtenen Korb dabei. Cyla drückt sie ebenfalls einen Korb in die Hand, in den sie aus einem kleinen Topf Heidelbeeren schüttet. »Bis zum Wald gehen wir zusammen«, erklärt sie. Und: »Sollten wir kontrolliert werden, müßt ihr sagen, daß wir Beeren sammeln.«
Dann führt die Alte die beiden auf einen Feldweg. Er geht leicht bergauf, ist aber nicht allzu beschwerlich. Nach einer Weile haben sie das Waldstück erreicht, hinter dem die Grenze zum Generalgouvernement verläuft. Dort bleibt die Frau stehen und instruiert Jurek und Cyla: »Hört, meine Kinder. Ich gehe jetzt voraus und sammle Beeren. Ihr müßt das gleiche tun. Folgt mir in einem größeren Abstand, aber laßt mich nicht aus den Augen. Sollte irgend etwas schiefgehen, kehre ich um. Das müßt ihr dann auch machen.«
»Seien Sie nicht böse«, erwidert Jurek, »aber für das, was Sie für uns tun, möchte ich Ihnen etwas Geld geben.« Dann

zieht er fünfhundert Reichsmark aus der Tasche und will sie der Alten reichen. Doch die wehrt entschieden ab. »Ich käme ja aus der Hölle nicht mehr heraus, wenn ich von Auschwitz-Häftlingen Geld annehmen würde.«
Dann geht es weiter durch den Wald. Ab und zu stopfen sich Cyla und Jurek ein paar Heidelbeeren in den Mund. Ungefähr fünfzehn Minuten sind sie unterwegs, dann verharrt die »Beerensammlerin«. Sie haben die Waldgrenze erreicht. Dahinter kommt ein gepflasterter Weg zum Vorschein. »Hier ist die Grenze«, werden die »Auschwitzer« aufgeklärt. »Aber seid vorsichtig: Alle zwanzig bis dreißig Minuten kommt eine Streife vorbei. Und nun gebt mir den Korb zurück.« Heimlich läßt Jurek die fünf Geldscheine unter den Heidelbeeren verschwinden. Dann umarmen sie die Alte. »Meine Kinder, möge Gott euch führen«, sagt sie zum Abschied, dann geht sie auf ein Haferfeld zu und bekreuzigt sich.
Schon am Waldrand, blickt sich Jurek ein letztes Mal um. Die Helferin steht immer noch bei dem Getreide und schaut den beiden nach.
Hinter einem Dornengestrüpp verborgen, beobachtet er die Grenze. Auf der anderen Seite sieht er einen älteren Mann mit einer Kuh. Der Bauer kommt näher, er hat die beiden Gestalten hinter den Büschen bemerkt.
»Verschwindet im Haferfeld«, ruft er und winkt.
Dann hören Jurek und Cyla schwere Schritte. Zwei oder drei Männer mögen das sein. Als sie den Hirten entdecken, stellen sie ihn zur Rede. »Halt, was machst du dort?«
»Ich hüte meine Kuh, sehen Sie das nicht?«
»Woher kommst du?«
»Aus der Nähe. Ich lasse die Kuh hier jeden Tag weiden.«
Dann setzen die Grenzer ihren Kontrollgang fort. Erst jetzt kommt der Alte näher.

»Ihr könnt rauskommen.«

Jurek bedankt sich. »Wo geht es hier nach Krakau?«

»Immer geradeaus, erst den Feldweg entlang, dann kommt ihr auf eine Straße, die zu einem Dorf führt. Es heißt Brzeźnica. Durchquert das Dorf, biegt rechts ab, und fragt nach der Weichsel.«

Cyla und Jurek folgen dem Rat des Hirten. Nach gut anderthalbstündigem Marsch erreichen sie eine Fähre, die sie über die an dieser Stelle nur fünfzehn bis zwanzig Meter breite Weichsel bringen soll. Am Anleger warten schon einige Menschen auf die erste Überfahrt an diesem frühen Morgen. Wenig später taucht eine Kutsche auf. Oben auf dem Bock sitzt ein Wehrmachtssoldat neben einem russischen Kriegsgefangenen. Jurek erschrickt, doch der Deutsche nimmt von den beiden Entflohenen keine Notiz.

Als die Fähre ablegt, macht der Bootsmann seine Runde, um von den Fahrgästen das Geld einzusammeln. Jurek erstarrt. Einen Złoty soll die Passage kosten, doch er hat nur Reichsmark in großen Scheinen dabei. Verlegen drückt er dem Mann einen Hundertmarkschein in die Hand. »Behalten Sie das Geld«, meint er zu dem sichtlich Irritierten, der nicht herausgeben kann, und rechnet sich aus, daß er soeben ungefähr das Vierhundertfache des normalen Fahrpreises entrichtet hat. Seine größte Sorge hingegen ist, daß ein Reisender in zerlumpter Zivilkleidung, der mit Reichsmark bezahlt, die Aufmerksamkeit des Fährmanns auf sich zieht. Und natürlich entgeht dem Schiffer nicht, daß er es mit zwei Menschen in Not zu tun hat.

»Geht nicht geradeaus weiter, wenn wir das Ufer erreicht haben«, rät er vertraulich den beiden ungewöhnlichen Passagieren. »Dort kontrollieren die Deutschen, weil es viele Schmuggler in der Gegend gibt. Folgt der Weichsel ungefähr einen Kilometer, und laßt das Dorf Liszki hinter euch.«

Der Hinweis kommt zur rechten Zeit; Jurek und Cyla um-

gehen die deutschen Kontrollposten ohne Probleme. Am Abend schon haben sie Michałowice erreicht. Jurek ist mit der Umgebung vertraut. Auf einer Anhöhe, in sicherer Distanz zur Siedlung, übernachten sie. Jureks Eltern leben schon seit geraumer Zeit nicht mehr hier, seit Karol Bielecki, immer noch in seiner Funktion als Gemeindesekretär, in die nicht allzuweit entfernte Ortschaft Igołomia versetzt worden ist.
Nach einer Nacht in einer Getreidegarbe machen sich die beiden wieder auf den Weg. Jetzt ist es nicht mehr weit. Jureks Ziel ist das Haus seines Onkels Jan Marusa. Der war vor dem Krieg Reserveoffizier gewesen und betreibt nun einen zwanzig Hektar großen Hof in Muniakowice.
Erst überqueren sie einige Felder, dann folgen sie schon der Landstraße nach Słomniki. Diesen Ort sollte man lieber meiden, glaubt Jurek, der befürchtet, daß dort deutsche Soldaten stationiert sind. Drei Kilometer vor Słomniki verläßt er deshalb mit Cyla die Landstraße und schlägt einen Feldweg ein, der durch ein kleines Dorf führt – auf diese Weise läßt sich Słomniki bequem umgehen.
Doch in Niedźwiedź, wie das Nest heißt, erleben sie eine Überraschung. Schon von weitem kann Jurek einen Haufen ukrainischer SS-Männer ausmachen. Sie stehen um einen Brunnen herum und tragen die Uniform der »Galizien-Division«. Noch bevor sie die einsamen Wanderer bemerken, zerrt Jurek Cyla in eine Hecke. Die Ukrainer seien noch zehnmal schlimmer als die Deutschen, erklärt er dem Mädchen; sie haßten die Polen und mordeten wahllos. So kehren die beiden um und wählen einen anderen Weg. Unterwegs rasten sie unter Pappeln, und am Nachmittag erreichen sie ohne nennenswerte Probleme die Gegend um Muniakowice. Bei Tage wäre es zu riskant, das Haus des Onkels zu betreten. So steuern sie zuerst einen kleinen Hügel in der

Nähe an. Von oben können sie schon das Haus des Onkels sehen. Jurek zeigt Cyla das kleine Anwesen. Dann schlafen sie ein wenig. In der Dunkelheit werden sie in das Dorf gehen.

Jurek pocht an die Pforte.
»Wer ist da?« ruft jemand von innen – es ist Jan Marusa.
»Onkelchen, das bin ich.«
»Wer ist ich?«
»Jurek.«
»Was für ein Jurek?«
»Jurek, Jurek Bielecki.«
Jan Marusa kann es nicht fassen. »Jurek, ich dachte, du bist im Lager.«
Dann fallen sich alle in die Arme. Der Onkel holt die beiden verwahrlost wirkenden Gestalten ins Haus. Seine Frau, Jureks Tante, und die neunzehnjährige Cousine Maria sind noch wach. Schnell wird aufgetischt und Wodka herbeigeschafft. Die Tante weint vor Freude. Dann berichten Cyla und Jurek stundenlang von ihrer Flucht und die Marusas vom Schicksal der anderen.
Später nehmen die beiden ein warmes Bad und erhalten endlich frische Kleidung. Daß Cyla Jüdin ist, hat die Tante schnell erraten. Als sie Jurek darauf anspricht, klärt er die Verwandte über Cylas Herkunft auf.
Zwei Tage bleiben Jurek und Cyla in Muniakowice. Dann brechen sie auf, um bei Jureks Urgroßmutter Marcjana Klimczyk in Janikowice Unterschlupf zu finden.
Nach wie vor verlassen Jurek und Cyla nur bei Dunkelheit ihr Versteck. Und so ist es schon spät, als sie zweihundert Meter vor dem Haus der Urgroßeltern unvermittelt angehalten werden.
»Wohin wollt ihr?« fragt eine strenge Stimme. Jurek mag es

erst nicht glauben, doch plötzlich steht er einem polnischen Partisan gegenüber, der hier einen Vorposten einnimmt.
»Zum Haus meiner Urgroßeltern.« Jurek erscheint die ganze Szenerie in diesem Moment ziemlich absurd.
Dann taucht aus dem Nichts ein zweiter Heimatkämpfer auf.
»Bring sie zu seinen Urgroßeltern«, kommandiert der erste.
Kaum haben sie das Haus der Urgroßmutter erreicht, da fliegt von innen die Tür auf, und heraus treten drei weitere Partisanen.
Die alte Dame traut ihren Augen nicht, als plötzlich der Urenkel vor ihr steht. Tränen rinnen über das zerfurchte Gesicht. Danach fließt nur noch Schnaps. Bis in den frühen Morgen wird mit den Partisanen gezecht. Wieder und wieder müssen Jurek und Cyla ihre Geschichte erzählen. Dann fallen sie erschöpft und angetrunken ins Bett.
Nach der anstrengenden Nacht hat Jurek am nächsten Morgen verständliche Schwierigkeiten, auf Anhieb zu verstehen, was die Gestalt will, die, vor seinem Bett stehend und an seinem Schlafanzug zupfend, aufgeregt ruft, er möge endlich aufstehen.
Es ist Leszek, Jureks Bruder. Schon seit langem kämpft er in der Armia Krajowa, und er war es auch, der den einhundertfünfzig Mann starken Trupp in den zwei Scheunen auf dem Gehöft untergebracht hat. Nach mehr als vier Jahren sehen sich die Brüder endlich wieder.
Lange könne er leider nicht bleiben, erklärt Leszek. Eigentlich sei er mit seiner Abteilung nur zufällig in der Gegend.
Es ist der 3. August 1944, und seit zwei Tagen kämpfen die Partisanen der Armia Krajowa in Warschau, wo der polnische General Bór-Komorowski zum nationalen Aufstand aufgerufen hat. Anfangs sind es vierzehntausend polnische Soldaten, später sechsunddreißigtausend, die innerhalb we-

niger Tage Teile der Stadt unter ihre Kontrolle zu bringen vermögen, kurze Zeit später jedoch aufgerieben werden.
Zügig brechen Leszek und die Partisanen nach Norden auf, während Jurek mit Cyla noch zwei Wochen bei der Urgroßmutter bleibt. Jetzt wartet er auf die Ankunft seiner Mutter. Noch aus dem Lager hatte er ihr an der Zensur vorbei einen Brief zukommen lassen, der sie über die bevorstehende Flucht unterrichtete. »Irenka kommt bald nach Hause« lautete die verschlüsselte Botschaft. Jetzt ist sie bereits über den Erfolg des Unternehmens informiert. Am 6. August trifft sie in Janikowice ein.
Das Wiedersehen mit der geliebten Mutter ist für Jurek »die größte Freude, die ich jemals empfunden habe«. Doch nach ein paar Tagen kommt es zu ersten Spannungen. Die fromme Katholikin erkundigt sich nun immer häufiger nach der Zukunft des Sohnes und seiner zukünftigen Frau. »Wie soll das weitergehen?« fragt sie, ihr Unbehagen über die Tatsache kaum verhehlend, daß die Auserwählte des Sohns ausgerechnet jüdischen Glaubens ist. »Wie sollen eure Kinder erzogen werden?« Jurek versucht den drängenden Fragen auszuweichen, doch bringt ihn die Hartnäckigkeit der von ihm über alle Maßen verehrten Mutter in Bedrängnis.
Cyla erinnert sich später, sie habe anfangs ihre Konfession verschwiegen.
»Die Mutter von Jerzy sagte: ›Cyla ist jüdisch, Cyla ist jüdisch!‹ Ich antwortete immer: ›Nein, das bin ich nicht.‹ Jeder hat diesen Überlebensinstinkt. Ich durfte niemandem sagen, daß ich Jüdin bin.«
Zofia Bielecka hat sich bei ihrer Großmutter derweil einquartiert.
Jurek wird immer klarer, daß die Mutter gegen die Beziehung ihres Sohnes ist. »Sie hat uns gemustert. Ich spürte, daß sie sich nicht mit unserer Liebe abfinden konnte.«

Jurek sagt: »Cyla war einverstanden, daß die Kinder christlich erzogen werden.«
Cyla sagt: »Jurek drängte mich, ihm zwei Dinge zu versprechen: nie zu sagen, daß ich Jüdin sei, also das Leben einer Katholikin zu führen, und unsere Kinder von einer Nonne erziehen zu lassen.«
Im Dorf spricht sich die Nachricht von der sensationellen Flucht der beiden Auschwitz-Häftlinge schnell herum – auch, daß eine Jüdin im Hause Klimczyk wohnt.
Immer wieder muß Jurek, wenn er mit Freunden unten im Dorf sitzt und etwas trinkt, dieselben Geschichten erzählen. Und nicht selten fragen die Bekannten, warum Jurek ausgerechnet mit einer Jüdin geflüchtet sei. Es hätte doch auch eine Christin sein können. »Alle kannten unsere Geschichte«, erinnert sich Jurek, »denn ich war stolz auf unsere Flucht.« Doch die Popularität des Helden hat auch Nachteile. Ständig tauchen Fremde, teils von weit her, auf. Sie vermissen selber Angehörige im Lager und erhoffen nun von den Entflohenen Informationen.

Zwei Wochen sind Cyla und Jurek nun schon in Janikowice. Jurek sitzt mit den anderen unten im Dorf, da kommt es im Haus der Urgroßmutter zum Eklat.
»Jureks Mutter gab mir ein Paket mit Süßigkeiten«, berichtet Cyla, »und sagte, ich solle nun das Haus verlassen. Sie meinte, ich könne gehen, wohin ich wolle. Ich wußte nicht ein noch aus. Die Rote Armee war auf dem Vormarsch, und die Deutschen befanden sich noch im Land. Überall herrschte Chaos. Ich war sicher, dies hätte für mich als Jüdin den sicheren Tod bedeutet. Ich rannte hinaus auf die Straße und weinte. Was würde aus mir werden? In dieser Situation war ich jedem völlig schutzlos ausgeliefert. Jeder Bauer auf der Straße hätte mich packen und irgendwohin

zerren können. Als Jurek nach Hause kam und herausfand, was passiert war, kam er mir nachgelaufen und rief: ›Cylinka, Cylinka!‹ Als er bei mir war, umarmte er mich und riß uns beide zu Boden. Wir weinten gemeinsam. Er schwor, mich nie wieder allein zu lassen und nie wieder nach Hause zurückzukehren.«

Auch Jurek kann sich erinnern, wie er an jenem Tag Cyla völlig aufgelöst auf der Straße vor dem Haus der Urgroßmutter vorfand. »Ich kam gerade aus dem Tal und sah, wie Cyla weinte. Sie erzählte mir die ganze Geschichte. Da habe ich sie genommen, und gemeinsam sind wir im Laufschritt, ohne uns von meiner Mutter zu verabschieden, weggelaufen. Unser Ziel war der Ort Przemenczany. Dort lebte ein Onkel väterlicherseits: Leon Banaszak.«

Onkel Leon gewährt den beiden Asyl. Eine Weile finden sie ihre Ruhe in dem abgeschiedenen Ort. Doch dann hat es sich auch bis hierhin herumgesprochen, welche Gäste bei den Banaszaks wohnen. Auch hier sprechen sie nun immer häufiger Fremde an, um sich über Auschwitz zu erkundigen. »Wir hielten uns dort eine ganze Weile auf«, so Jurek, »und dann kamen irgendwelche Leute. Die Nachbarin hat es ihrer Nachbarin erzählt, eine Tante ihrer Tante, eine Cousine ihrer Cousine, und so tauchten wildfremde Menschen auf und fragten nach: ›Wißt ihr etwas über meinen Sohn in Auschwitz?‹ Und: ›Ist Cyla wirklich Jüdin?‹ Lauter solche Fragen.«

Onkel Leon wird die Situation nach einem Monat unheimlich. Über einen Kurier benachrichtigt er Zofia Bielecka. Man müsse eine andere Lösung finden. Schließlich sei in Miechów, nur etwa vierzehn Kilometer entfernt, ein Revier der deutschen Sicherheitspolizei, und es sei nur eine Frage der Zeit, bis ein Nazispitzel Wind von der Sache bekomme und sie alle nach Auschwitz geschickt würden.

Wenig später steht Zofia Bielecka, diesmal an der Seite ihres jüngsten Sohns Karol, vor der Tür.
Es wird beratschlagt. Dann finden Zofia Bielecka und Leon Banaszak eine Lösung. Es sei am besten, Jurek und Cyla trennten sich für eine Weile – schließlich werde nach einem entflohenen Pärchen gefahndet. Onkel Leon hat auch schon eine Idee: In der Nähe lebe eine Bauernfamilie, mit der er befreundet sei und die schon häufiger Juden geholfen habe. Es seien einfache Leute, die in einem kleinen abgeschiedenen Dorf lebten. Ihr Haus habe darüber hinaus den Vorteil, daß es von einer Baumgruppe abgeschirmt werde. Ein ideales Versteck für Cyla, befinden Leon und Zofia.
Jurek: »Als beschlossen wurde, daß wir getrennt werden sollen, war Cyla verzweifelt. Die Arme weinte. Sie schluchzte, sie wolle nicht allein bleiben, sie könne mich nicht verlassen, und man solle nicht versuchen, uns auseinanderzureißen. Wenn schon bis jetzt alles so gut verlaufen sei, meinte sie, werde es auch so bleiben, und wir würden dann gemeinsam die Befreiung und endlich auch die richtige Freiheit erleben. Aber die Vernunft Banaszaks und meiner Mutter setzte sich durch. Ich habe Cyla geschworen, daß ich sie nach dem Krieg holen werde, und sie hat mir versichert, sie werde warten. – Es war eine schwere Trennung. Wir haben viele Stunden gemeinsam verbracht, bevor wir am nächsten Morgen mit meiner Mutter losfuhren.«
Die Fahrt geht nach Gruszów. An dem bescheidenen Häuschen der Familie Czernik stoppt der Troß. Herzlich empfangen die Bauern Cyla und Jurek, Zofia, Leon und Jureks kleinen Bruder Karol. Sie machen einen sympathischen Eindruck. Mit einem Gläschen Wodka wird die neue Hilfskraft begrüßt. Und die Frau des Hauses, Genowefa Czernik, beteuert, sie werde Cyla aufnehmen wie eine Tochter. Den

ganzen Abend sitzen Jurek und Cyla unter einem Birnbaum in der Nähe zusammen. »Du mußt mir versprechen, daß du zurückkommst, wenn der Krieg vorbei ist«, bittet Cyla. Nichts fällt Jurek leichter als das. An seiner Liebe zu Cyla hat er noch kein einziges Mal gezweifelt.
Beruhigt verläßt Jurek mit seiner Familie die Czerniks.

In Igołomia ist bereits ein Versteck für ihn hergerichtet. Der Schulmeister, ein guter Bekannter von Jureks Vater, hat dafür die Küche des Schulgebäudes zur Verfügung gestellt. Vor der Küchentür, die zum Schulkorridor führt, steht nun ein breiter Schrank. Außerdem hat Jurek einen Fluchtweg, selbst für den Fall, daß jemand die versteckte Tür entdecken sollte – nach hinten hinaus kann er durch eine den meisten unbekannte Tür in den Hof schlüpfen.
Kein Wunder, daß sich die Küche, in der nun der Auschwitz-Flüchtling lebt, zum beliebten Waffenversteck der örtlichen Partisanen entwickelt. Wenn sie, die fast nur nachts unterwegs sind, im Morgengrauen von ihren Patrouillen zurückkehren, deponieren sie ihre Handgranaten in Jureks Bett. »Jag die Deutschen einfach in die Luft, wenn sie kommen«, scherzen die Untergrundaktivisten. Es dauert nicht lange, bis sich Jurek der Armia Krajowa anschließt.
1940 aufgebrochen, um in der polnischen Heimatarmee zu kämpfen, hat er sie nun, 1944, nach über vier Jahren Haft in dem grauenhaftesten aller deutschen Lager, endlich gefunden.
Nachts geht er mit den anderen auf Streife, tagsüber gehört die Straße der Wehrmacht.

Jurek ist mit zwei Kameraden losgezogen. Jeder trägt eine Maschinenpistole, dazu eine Pistole. Im Gefühl der Sicherheit schlendern sie die Dorfstraße entlang. Plötzlich hören

Jerzy Bielecki und Bruder Leszek in der Partisanenzeit 1944/45

die drei verdächtige Schritte. Jurek und seine Begleiter ziehen sich vorsichtig zurück. In der Nähe, das wissen sie, liegt ein deutscher Feldflughafen. Und nicht weit entfernt befindet sich ein Gutsherrenhof, in dem die deutschen Piloten residieren. Noch zwanzig Schritte sind die Fremden entfernt – es sind zwei betrunkene Flieger, die von einer nächtlichen Sause heimkehren. »Halt! Hände hoch!« brüllt Jurek. Die Angeheiterten werden erst nervös, dann fangen sie sich und scherzen: »Was wollt ihr denn?«
»Eure Waffen.« Die Deutschen geben ihre Pistolen ab.
»Das ist nicht alles«, stellen Jurek und seine Begleiter klar: »Ihr tragt schöne Lederjacken. Ausziehen!«
Die Piloten entledigen sich ihrer Jacken, dann nehmen sie die Beine in die Hand und flüchten in ihre Unterkunft. Es fällt kein Schuß. Jurek hat kein Bedürfnis, die Besatzer zu ermorden.

Bei den Czerniks fühlt sich Cyla wohl. »Endlich hat Gott mir eine Tochter geschenkt«, sagt Genowefa Czernik, die von Cyla nur Tantchen genannt wird. Täglich geht Cyla mit dem Sohn des Hauses hinaus und hilft bei der Feldarbeit, nebenbei unterstützt sie »Tantchen« im Haushalt. »Bei der Familie Czernik«, sagt Cyla später, »habe ich alles erhalten, was mir das Weiterleben ermöglichte: einen Zufluchtsort, Ernährung und Herzlichkeit.« Und Genowefa hat nun auch eine Tochter.

Am Freitag, dem 15. September 1944, zwei Jahre nach der Deportation Mala Zimetbaums, werden Mala und Edward Galinski nach Birkenau gebracht. Nachmittags wird im Männerlager das Todesurteil verlesen – erst in deutscher, dann in polnischer Sprache. Am Galgen stirbt Edek mit den Worten: »Es lebe Polen.«

Im Frauenlager wird Mala Zimetbaum mit auf den Rücken gebogenen Armen vorgeführt. Lagerführerin Maria Mandel verkündet, die Bestrafung einer Jüdin, die es gewagt habe, zu fliehen, solle als abschreckendes Beispiel dienen. Alle Gefangenen sind an der Lagerstraße beim Abschnitt BIa des Frauenlagers zum Sonderappell angetreten und bilden einen Kreis. Da zieht Mala eine Rasierklinge hervor, reißt ihren Arm los und versucht, sich die Pulsadern aufzuschneiden. Ein Arbeitsdienstführer dreht der Blutenden die Hand auf den Rücken. Häftlinge berichteten nach ihrer Befreiung, Mala Zimetbaum habe dem Mann die Faust ins Gesicht geschlagen. »Ich weiß, daß ich sterben werde«, soll sie dabei gerufen haben, »aber ihr werdet genauso sterben, eure Stunden sind gezählt.« Danach wird Mala auf einer Trage abtransportiert. Später sieht man nur noch den Körper der Sterbenden, der auf einem Karren durchs Lager gezogen wird. Sie soll im Krankenbau eine letale Spritze erhalten haben, heißt es; andere erzählen, sie sei vom Arbeitsdienstführer bei den Krematorien niedergeschossen worden.

Selbst in dem kleinen Dorf Gruszów hat sich Cylas Anwesenheit bald herumgesprochen. »Einmal kam ein Pole«, erinnert sie sich, »und behauptete, er würde mich kennen. Mein wirklicher Name sei Rosenbaum. Ich sagte: ›Nein, nein. Ich heiße Cybulska, Cyla Cybulska.‹ Er könne das im Rathaus nachprüfen, wenn er wolle. Dann forderte er mich auf, mit ihm zu einem Baum zu gehen, dort könnten wir alles besprechen. Ich war verzweifelt und antwortete ihm, ich käme nicht mit, er könne hier mit mir reden.«

Später sei auch ein katholischer Priester aus einem Nachbardorf aufgetaucht. »Er behauptete, er verstecke eine jüdische Familie – ob ich nicht mit ihm gehen wolle. Ich folgte ihm durch ein Feld, da zog er mich zu sich und versuchte,

Genowefa Czernik 1983 vor ihrem Bauernhaus in Gruszów

mich zu küssen. ›Ich weiß, daß du Jüdin bist‹, rief er. ›Nein, ich bin eine Polin‹, habe ich ihm geantwortet und bin weggerannt. ›Nie wieder will ich mit diesem Priester etwas zu tun haben‹, sagte ich später zum ›Tantchen‹. Und die fragte mich: ›Warum betest du eigentlich nie?‹ Da habe ich ein paar christliche Gebete gelernt.«

Eines Tages, so Cyla, sei auch Jureks Mutter vorbeigekommen. Anfangs versteckt sie sich im Heu in der Scheune, doch dann spricht sie mit Zofia Bielecka. »Wenn der Krieg vorüber ist, könnt ihr beide heiraten«, soll Jureks Mutter erklärt haben – »aber ich spürte, daß sie mich nie richtig akzeptieren würde«.

Immer wieder versucht Jurek, mit der Partisanenpost Briefe an Cyla zu schicken. Doch nie erhält er eine Antwort. Wo die Mitteilungen geblieben sind, wird sich nie aufklären. Cyla jedenfalls wartet sehnsüchtig auf eine Nachricht aus Igołomia.

Dort spürt Jurek, daß der Krieg bald vorbei sein wird. Selbstsicher bewegen er und die anderen Partisanen sich in den Ortschaften. So auch an diesem Abend im November. Mit ein paar Kameraden, dabei sind auch seine Brüder Karol und Krzysztof, feiern sie bis spät in die Nacht, als ihnen der Alkohol ausgeht. »Wohin gehen wir noch?« fragt einer übermütig, und schon ist die ganze Gesellschaft auf der Straße. Jurek hört Schritte und mutmaßt, es kämen zwei polnische Bekannte vom Kartenspielen zurück. Und während sich der Rest der Feierrunde langsam verzieht, pirscht er allein ins Gebüsch, um sich mit den polnischen Zechern einen üblen Spaß zu erlauben.

»Halt! Sofort stehenbleiben!« brüllt er aus dem Dickicht auf deutsch und zuckt zusammen, als plötzlich jemand sein Gewehr durchlädt.

»Was ist hier los?« fragt ein Deutscher in Wehrmachtskluft unwirsch.
»Oh, verzeihen Sie, ich wollte nur Freunde erschrecken.«
»Na«, meint einer der Landser leutselig, »was wäre wohl passiert, wenn wir geschossen hätten? Aber genug der Späße – führ uns zum Postamt.«
Ihnen sei der Wagen liegengeblieben, und jetzt müßten sie in Krakau anrufen, um einen Mechaniker kommen zu lassen.
Eine Weile bringen sie im Postamt zu, ohne daß eine Verbindung zustande kommt. Und weil nicht absehbar ist, wie lange dieser Abend noch dauern kann, wird Jurek gemeinsam mit dem Unteroffizier zum Schnapsholen geschickt. Wenig später sitzen die drei bei einer Flasche Wodka zusammen. Während sich um die Telegrafenstation herum schon Partisanen gruppieren, um den Freund zur Not mit Maschinenpistolen aus seiner Zwangslage zu befreien, entspinnt sich in dem Postamt ein denkwürdiger Dialog.
Er heiße Fritz, erzählt einer der Deutschen, und erkundigt sich nach Jureks Namen.
Dann heben sie die Gläser.
»Also, mein lieber Partisan, zum Wohl.«
Er sei doch kein Partisan, beteuert Jurek, dem »das Herz einen Moment lang stehenbleibt«, und greift nervös zu Brot und Zwiebeln.
Doch dann fordert ihn der Deutsche auf, mit ihm Brüderschaft zu trinken. »Natürlich, ihr seid doch alle Partisanen«, erklärt er und fügt hinzu, ihm sei das »scheißegal«.
Eine geschlagene Stunde sitzen sie so. Dann endlich kann eine Verbindung nach Krakau hergestellt werden, und die Deutschen verabschieden sich.
»Auf Wiedersehen, mein Partisan«, meint der Unteroffizier gut gelaunt und drückt Jurek an sich.

Cyla ist verzweifelt. Seit Monaten hat sie von Jurek keine Nachricht erhalten, und auch »Tantchen« verhält sich eigenartig. Jurek sei als Partisan gefallen, raunt sie düster. Da sei sie sicher. Das habe sie gehört.
Anfangs mag Cyla das Gerede nicht glauben. Doch je mehr Zeit ohne ein Lebenszeichen des Geliebten vergeht, desto mehr ist sie davon überzeugt, daß Genowefa Czernik recht hat.
Am 3. Januar 1945 wird das Dörfchen Gruszów von der Roten Armee befreit. Jurek taucht dennoch nicht auf, und »Tantchen« behauptet beharrlich, er sei gefallen.
Cyla weiß nicht, daß in der Umgebung von Igołomia zu dieser Zeit noch gekämpft wird. Erst drei Wochen später, am 29. Januar, erreichen die ersten Sowjetsoldaten den Ort. Zwei Wochen noch sitzt Jurek in Igołomia fest, dann endlich kann er nach Gruszów aufbrechen.

Cyla hat die Hoffnung mittlerweile aufgegeben, den Geliebten jemals wieder in die Arme schließen zu können. Als Jurek Mitte Februar in Gruszów eintrifft, ist sie bereits seit drei Tagen fort.
Nachdem sie so lange vergebens gewartet hatte, war sie gegen Genowefa Czerniks Willen nach Łomża aufgebrochen, um nach überlebenden Verwandten zu suchen.
»Als ich sie verließ, war ›Tantchen‹ völlig verzweifelt. Sie zog an ihren Haaren, die sie zu zwei langen Zöpfen geflochten hatte, und schrie: ›Gott hat mir eine Tochter geschenkt, und jetzt nimmt er sie mir wieder weg.‹« Cyla bricht dennoch auf.
Sie geht zum nächsten Bahnhof und wartet auf einen Zug nach Osten. Cyla ist nicht die einzige auf dem Bahnsteig. Ein großer, »sehr deutsch aussehender Mann« starrt sie die ganze Zeit an. Dann tritt er auf Cyla zu und sagt: »Du

brauchst keine Angst zu haben, ich bin auch Jude.« Cyla ist mißtrauisch. Anfangs leugnet sie, Jüdin zu sein, dann faßt sie Vertrauen. »Ich nehme dich mit zu meinem Bruder David«, sagt der Fremde.

David Zacharowitz hat den Krieg als »Katholik« in Polen überlebt. Er verliebt sich auf der Stelle in Cyla. Gemeinsam fahren die beiden nach Łomża, doch keiner von Cylas Verwandten hat den Krieg überlebt.
»Wir beide werden zusammenbleiben«, verspricht er Cyla und organisiert Trauringe in Prag. Wenig später heiraten die beiden und ziehen zunächst – auf ein Visum für die Vereinigten Staaten wartend – nach Schweden. Dort finden sie Arbeit in einer Näherei, nach fünf Jahren können sie in die USA einreisen, wo Cyla Verwandte hat. Die beiden lassen sich in Brooklyn nieder und eröffnen ein Juweliergeschäft. Später bekommen sie eine Tochter.
1975 stirbt David Zacharowitz.

Jerzy Bielecki bleibt zunächst ständig mit der Familie Czernik in Kontakt. Er wartet auf eine Nachricht von Cyla. Die schickt aus Schweden zwar regelmäßig Päckchen mit Penicillin, doch Genowefa Czernik behauptet, sie habe keine Ahnung, wo Cyla stecke.
Als sie aus Schweden ein Foto erhält, auf dem Cyla auf einem Krankenbett liegend zu sehen ist, erzählt sie Jurek, sie habe leider die traurige Nachricht erhalten, Cyla sei in einem skandinavischen Hospital verstorben. Jurek ist erschüttert; er glaubt »Tantchen«.
Später zieht er nach Nowy Targ, wo er nach der Ausbildung zum Ingenieur eine Stelle als Schuldirektor eines technischen Gymnasiums bekommt.
Er heiratet und wird Vater von drei Kindern.

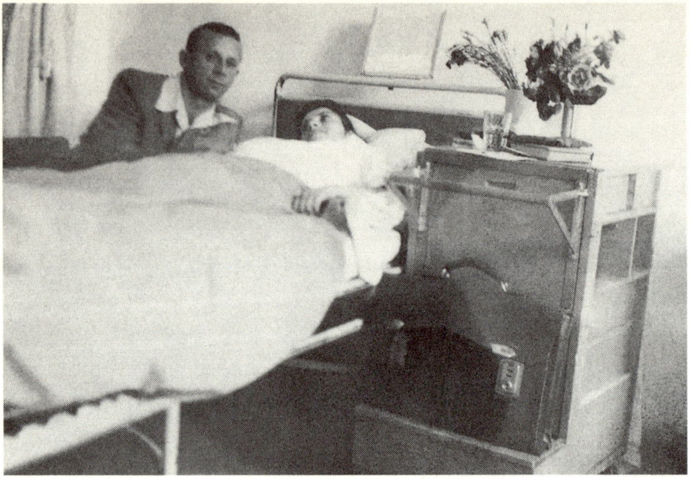

Das Foto aus Schweden: Cyla auf dem Krankenbett

Tadeusz Srogi verläßt Auschwitz Ende 1944. Mit eintausendfünfhundert anderen Häftlingen wird er nach Nossen transportiert, wo er für die deutsche Kriegsindustrie arbeiten muß. Später wird Tadek nach Leitmeritz evakuiert und am 9. Mai 1945 befreit. Schließlich kehrt Tadeusz Srogi nach Polen zurück. Er lebt heute in Breslau.

Wikta, das polnische Dienstmädchen, schafft es tatsächlich, Jurek in Polen ausfindig zu machen. Eine Freundin, die bei der Post in Rzeszów arbeitet, hilft ihr dabei.
Am 7. Juni 1983 landet auf dem Flughafen Balice bei Krakau eine Maschine mit Passagieren aus den Vereinigten Staaten. Suchend blickt sich Cyla Zacharowitz um, dann fällt ihr ein hagerer Mann auf. Er hat neununddreißig rote Rosen in der Hand – für jedes Jahr, das seit Auschwitz vergangen ist, eine. »So viele Jahre«, meint Cyla Zacharowitz.

Jerzy Bielecki 1997 bei einem Besuch des Konzentrationslagers Auschwitz

Sie schauen sich an. »Wie ernst du geworden bist«, sagt sie. Und Jerzy Bielecki antwortet: »Aber du hast dich nicht verändert.«
Noch einmal fahren sie gemeinsam nach Gruszów und besuchen die greise Frau Czernik.
»Tantchen, warum hast du uns belogen«, will Cyla wissen, doch die Alte bricht nur in Tränen aus.
Da fragen die beiden nicht weiter nach.

Jureks Mutter hat sich später bei ihrem Sohn entschuldigt. Sie habe nur Sorge um ihn gehabt, beteuert sie. Warum Genowefa Czernik die beiden belogen habe, werde ihr immer ein Rätsel bleiben.

Jurek und Cyla treffen sich auch heute noch regelmäßig. Für die große Liebe jedoch ist es zu spät.

Literatur

Aly, Götz; »Endlösung«. Völkerverschiebung und der Mord an den europäischen Juden, Frankfurt am Main 1998

August, Jochen (Hg.); »Sonderaktion Krakau«. Die Verhaftung der Krakauer Wissenschaftler am 6. November 1939, Hamburg 1997

Benz, Wolfgang; Graml, Hermann, und Weiß, Hermann (Hg.); Enzyklopädie des Nationalsozialismus, München 1997

Bielecki, Jerzy; Kto ratuje jedno życie ..., Oświęcim 1999

Borowski, Tadeusz; Bei uns in Auschwitz. Erzählungen, München 1982

Courtois, Stéphane (u. a.); Das Schwarzbuch des Kommunismus. Unterdrückung, Verbrechen und Terror, München 1998

Czech, Danuta; Kalendarium der Ereignisse im Konzentrationslager Auschwitz-Birkenau 1939–1945, Hamburg 1989

Deselaers, Manfred; »Und Sie hatten nie Gewissensbisse?«. Die Biografie von Rudolf Höß, Kommandant von Auschwitz, und die Frage nach seiner Verantwortung vor Gott und den Menschen, Leipzig 1997

Dwork, Deborah, und Pelt, Robert Jan van; Auschwitz. Von 1270 bis heute, Zürich 1998

Edmonds, Robin; Die großen Drei. Churchill, Roosevelt und Stalin in Frieden und Krieg, Berlin 1992

Frank, Niklas; Der Vater. Eine Abrechnung, München 1993

Friedrich, Otto; Königreich Auschwitz, Hamburg 1995

Geiss, Immanuel, und Jacobmeyer, Wolfgang (Hg.); Aus dem Diensttagebuch von Hans Frank. Generalgouverneur, Opladen 1980

Gesellschaft zur Betreuung von Auschwitz (Hg.); Memento Auschwitz, Warschau 1998

Giordano, Ralph; Wenn Hitler den Krieg gewonnen hätte. Die Pläne der Nazis nach dem Endsieg, Hamburg 1989

Greif, Gideon; »Wir weinten tränenlos ...«. Augenzeugenberichte des jüdischen »Sonderkommandos« in Auschwitz, Frankfurt 1999
Gross, Jan; Und wehe, du hoffst ... Die Sowjetisierung Ostpolens nach dem Hitler-Stalin-Pakt 1939–1941, Freiburg 1988
Gutman, Israel (Hg.); Enzyklopädie des Holocaust. Die Verfolgung und Ermordung der europäischen Juden (in drei Bänden), München 1995
Hamburger Institut für Sozialforschung (Hg.); Die Auschwitz-Hefte. Texte der polnischen Zeitschrift »Przegląd Lekarski« über historische, psychische und medizinische Aspekte des Lebens und Sterbens in Auschwitz, Hamburg 1994
Hilberg, Raul; Die Vernichtung der europäischen Juden (in drei Bänden), Frankfurt am Main 1990
Kalyniuk, Roman, und Muzyk, Zbigniew; Nowy Sącz, Nowy Sącz 1999
Kielar, Wiesław; Anus Mundi. Fünf Jahre Auschwitz, Frankfurt am Main 1982
Kogon, Eugen; Der SS-Staat. Das System der deutschen Konzentrationslager, München 1974
Kohl, Christiane; Der Jude und das Mädchen. Eine verbotene Freundschaft in Nazideutschland, Hamburg 1997
Mann, Golo; Deutsche Geschichte des 19. und 20. Jahrhunderts, Frankfurt am Main 1958
Reuth, Ralf Georg (Hg.); Joseph Goebbels. Tagebücher (in fünf Bänden), München 1999
Schoenberner, Gerhard; Zeugen sagen aus. Berichte und Dokumente über die Judenverfolgung im »Dritten Reich«, Berlin 1998
Schramm, Percy Ernst (Hg.); Das Kriegstagebuch der Wehrmacht (in acht Bänden), München 1982
Shirer, William L.; Aufstieg und Fall des Dritten Reichs, München 1963
Shirer, William L; Berliner Tagebuch. Aufzeichnungen 1934–1941. Das Ende 1944–1945 (in zwei Bänden), Leipzig 1991
Sichelschmidt, Lorenz; Mala. Ein Leben und eine Liebe in Auschwitz, Bremen 1995

Sobolewicz, Tadeusz; Aus dem Jenseits zurück, Oświęcim 1993
Staatliches Auschwitz-Museum (Hg.); Auschwitz in den Augen der SS; Warschau 1992
Staatliches Auschwitz-Museum (Hg.); Hefte von Auschwitz 18, Oświęcim 1990
Staatliches Museum Auschwitz-Birkenau (Hg.); Auschwitz. Nationalsozialistisches Vernichtungslager, Oświęcim 1997
Staatliches Museum Auschwitz-Birkenau (Hg.); Erinnerungen Auschwitzer Häftlinge, Oświęcim 1995
Staatliches Museum Auschwitz-Birkenau (Hg.); Hefte von Auschwitz 19, Oświęcim 1995
Staatliches Museum Auschwitz-Birkenau (Hg.); Hefte von Auschwitz 20, Oświęcim 1997
Staatliches Museum Auschwitz-Birkenau (Hg.); Inmitten des grauenvollen Verbrechens. Handschriften von Mitgliedern des Sonderkommandos, Oświęcim 1996
Staatliches Museum Auschwitz-Birkenau (Hg.); Sterbebücher von Auschwitz. Fragmente (in drei Bänden), München 1995
Świebocki, Henryk und Teresa (Hg.); Auschwitz. Stimmen aus der Tiefe, Krakau, ohne Datum
Weiner, Miriam; Jewish roots in Poland. Pages from the past and archival inventories, New Jersey 1997
Werle, Gerhard, und Wandres, Thomas; Auschwitz vor Gericht. Völkermord und bundesdeutsche Strafjustiz, München 1995
Umański, Semjon S.; Jüdisches Glück. Bericht aus der Ukraine 1933–1944, Frankfurt am Main 1998
Wesołowska, Danuta; Wörter aus der Hölle. Die »lagerszpracha« der Häftlinge von Auschwitz, Krakau 1998
Yones, Eliyahu; Die Straße nach Lemberg. Zwangsarbeit und Widerstand in Ostgalizien 1941–1944, Frankfurt am Main 1999
Zielinski, Wiesław; Und nur die Asche blieb, Krakau 1992

Abbildungsnachweis

Staatliches Museum Auschwitz-Birkenau: S. 44 (Fotograf unbekannt), 69, 76 (Jerzy Bielecki), 87 (Jerzy Bielecki), 121 (SS-Foto), 125, 141, 195.
Jerzy Bielecki: S. 13, 14, 147, 219, 222, 228.
Jens Rötzsch/Ostkreuz: S. 158, 229.
Thilo Thielke: S. 93, 132, 148, 149.
Die Karten, S. 18, 49 und 50/51, gestaltete Julia Saur/*Der Spiegel*.
Bildredaktion: Matthias Krug, *Der Spiegel*.

Bücher gegen das Vergessen

Geschichte des 20. Jahrhunderts

Antisemitismus in Deutschland
Zur Aktualität eines Vorurteils
Hrsg. v. Wolfgang Benz
dtv 4648

Peter Bender
Episode oder Epoche?
Zur Geschichte des geteilten Deutschland
dtv 4686

Wolfgang Benz
Feindbild und Vorurteil
Beiträge über Ausgrenzung und Verfolgung
dtv 4694

Martin Broszat
Der Staat Hitlers
dtv 30172

Marion Gräfin Dönhoff
Namen, die keiner mehr nennt
dtv 30079

Niall Ferguson
Der falsche Krieg
Der Erste Weltkrieg und das 20. Jahrhundert
dtv 30808

Alain Finkielkraut
Verlust der Menschlichkeit
Versuch über das 20. Jahrhundert
dtv 30790

Timothy Garton Ash
Zeit der Freiheit
Aus den Zentren des neuen Europa
dtv 30816

Lothar Gruchmann
Der Zweite Weltkrieg
dtv 4010

Helmut Heiber
Die Republik von Weimar
dtv 4003

Eric Hobsbawm
Das Zeitalter der Extreme
Weltgeschichte des 20. Jahrhunderts
dtv 30657

Andrew Roberts
Churchill und seine Zeit
dtv 24132

Kurt Sontheimer
Antidemokratisches Denken in der Weimarer Republik
dtv 4312

Hermann Weber
Geschichte der DDR
Aktualisierte Ausgabe
dtv 30731